Manfred Brümmer

De Mallbüdel

De besten Witze ut
„De Plappermoehl"
von

Radio MV

TENNEMANN
media

© TENNEMANN media GmbH, Schwerin 2010
Gartenweg 30 c, 19057 Schwerin
Tel. 0385-77501
http://www.tennemann-media.de
http://www.tennemann.com
Lizenziert durch Studio Hamburg Distribution & Marketing GmbH

1. Auflage 2010

Herstellung: TENNEMANN media GmbH, Schwerin
Illustrationen: Günter Endlich, Güstrow
Satz und Layout: Andrej Subarew Zavod 3, Wismar
Druck und Bindung: produktionsbüro TINUS, Schwerin
Printed in Germany
ISBN 978-3-941452-05-3

Vorwort

Seit einigen Jahren gibt es in Deutschland sogenannte Lachclubs. Da treffen sich dann lachwillige Menschen, um unter Anleitung eines Trainers zu lachen oder das Lachen zu lernen. Eigentlich ist es ja kinderleicht: 400 Mal am Tag lachen die Kleinen, Erwachsene haben im Durchschnitt nur 15 Mal etwas zu lachen. Das haben medizinische Studien ergeben. Die Ärzte wollten wissen, ob Lachen wirklich so gesund ist, wie der Volksmund sagt. Jetzt wissen sie es ganz genau: Lachen ist gut für Herz und Kreislauf und es baut Stress ab.

Hörerinnen und Hörern von NDR 1 Radio MV ist das schon lange klar. Deshalb ist die Plappermoehl auch zu solch einer beliebten Sendung geworden. Denn es wird gern erzählt und viel gelacht in der plattdeutschen Unterhaltungsshow von NDR 1 Radio MV. Mit Humor und guter Laune moderieren Susanne Bliemel, Manfred Brümmer und Tom Roloff den beliebten Klönsnack am Moehlendisch. Und die Witze aus dem Mallbüdel sind immer ein Höhepunkt. Alle drei erzählen sie swienplietsch und staubtrocken. Aber auch viele unserer Gäste haben das Plappermoehl-Publikum schon zum Lachen gebracht.

Die besten Witze aus dem Mallbüdel hat Manfred Brümmer in bisher zwei Büchern vorgestellt, die zu echten plattdeutschen Bestsellern geworden sind. Jetzt liegt das dritte Mallbüdel-Buch vor mit einer neuen Auswahl von Witzen, die bei Hörerinnen und Hörern von NDR 1 Radio MV bestens gezündet haben. Gründen Sie Ihren eigenen Mallbüdel-Lachclub. Lachen Sie mit, denn Lachen ist gesund. Oder um es up Platt zu sagen: „Ut´n verklamten Nors kümmt kein fröhlichen Furz".

Rainer Schobeß
Plattdeutsch-Redakteur NDR 1 Radio MV

Geiht ok allens in de Binsen ...

„Na, Manfred", fröggt Tom, „wat makt dat Rieden?" De winkt aw. „Ach weitst du, nah de Springturniere führ ick gor nich miehr hen." Tom wunnert sick. „Nanu, dor hest du doch ofteins sogor gewunnen." - „Dat stimmt", seggt Manfred, „ äwer ick kam mit mien nieges Pierd nich klor. Dat is tau höflich." Tom kiekt em grot an. „Wat? Woans denn dat?" - „Nu ja", seggt Manfred, „ümmer vör dat Hindernis makt dat ne Verbeugung un lött mi tauierst roewer."

*

Andreas süht bannig vergrätzt ut, as he Hein oewer'n Wegg löppt. De grient blot. „Na, du sühst ut, as wenn du mal wedder Arger mit dien Frau hatt hest, stimmt." Andreas nickt. „Ja, stimmt." - „Dat hew ick mi dacht", seggt Hein, „un worüm güng dat dit Mal?" Andreas süfzt. „Se hett seggt, se wull mal mit mi wohen utführen, wo dat schön düür is." - „Oh", seggt Hein, „un wat hest du makt?" Andreas grient so'n bäten scheif. „Ick hew ehr tau'n Tanken mitnahmen."

*

„Na, Heidi", fröggt Paula, „hett dat mien dien Bekanntschaftsanzeig klappt?" Heidi schüttelt denn' Kopp. „Nee."

Paula wunnert sick. „Wat hest du denn rinschräben?" - „Nu ja", seggt Heidi, „blot kort un knapp, dat ick'n Mann säuken dau." - „Un du hest keinen Breif krägen?" „Doch", seggt Heidi, „oewer fofftig Stück sogor. Äwer de wieren all von Frugens. Un ümmer mit denn' glieken Text." - „Oh", seggt dor Paula, „un wat för einen?" - „Nähmen Se mienen!"

*

As Frieda de oll Fru Möller in de Kophall dröppt, föllt ehr in, dat de ja grad Wittfru worden is. Se geiht up ehr tau un seggt: „Mien hartlich Mitgefäuhl, Fru Möller. Dat deiht mi ja so leed, dat Seehr Mann von uns gahn müsst." - „Hollen Se blot up!", schimpt dor de oll Möllersch los, „wenn ick an denn' ganzen Upwand för de Beierdigung denk un all de Loperie nah de Behörden un sowat ... dor mücht ick binah wünschen, dat he gor nich storben wier!"

*

„So, hier is de Pilzsupp!", seggt de Ober, „makt söss Euro, bitte." Meier un sien Fru wunnern sick. „Worüm willen Se dat Geld denn nu all hebben?" - „Tschä", seggt de Ober, „dat is bi uns so. Bi Pilzgerichte kassieren wi ümmer vörher."

Susi hett sick frisch verleiwt un dorüm all 'n poor Daag nich bi ehr Fründin Heike seihn laten. As se sick nu taufällig drapen, fröggt Heike: „Na, Susi, wo is't denn so mit dienen niegen Fründ?" - „Ach", süfzt de, „süss ganz schön, he is blot so unromantisch." - „Nee", staunt Heike, „würklich?" Susi nickt.„Ja, leider. As ick em gistern de Dör upmakt hew, dor harr ick ne Ros' in denn' Mund nahmen." - „Oh!", strahlt dor ehr Fründin, „dat is ja wunnerbor! Un he?" Susi winkt aw. „He is blass worden un hett fragt, ob ick ne Blaumenvas verschluckt harr."

*

Margarete kiekt ehren Mann verbaast an, as de tau de Dör rinkümmt. „Nanu, dü kümmst ja nu all von de Arbeit, is wat passiert?" De nickt mit trurig Mien. „Ja. Max un ick süllten ne grote Eik awsaagen, un as de daalfollen is, hett se Max doothaugt." - „Oh Gott!", seggt Margarete, „wo schlimm för em! Un ierst för sien arme Fru! De deiht mi ja so leed!" - „Nu ja", seggt ehr Mann, „'n lütten Trost hett se ja. Jedein in uns Firma is tau'n Glück mit 100 000 Euro versichert." - „Ach so?", fohrt Margarete dor hoch, „un du Dussel büst natürlich bisiet sprungen, wat?!"

Max sien Frau hett entbunnen, un Max suust ja nu ok in't Krankenhus. Dor möt he ierst mal täuben, äver denn kümmt ne Schwester rin un hett twei Kinner up'n Arm. „Ohhh!", seggt Max. „Ja", seggt de Schwester, „stüürt Se dat, dat dat nich blot ein worden is?" - „Ne…, nee…" seggt Max. „Dat is ja schön", seggt dor de Schwester, „denn hollen Se de beiden hier ierstmal, un ick hal de drei annern."

*

„Susanne", fröggt Katrin, „hest du würklich mit denn' Millionär Schluss makt?" Susanne nickt. „Ja. Ick wier mit em in de Sauna." Katrin begrippt nich recht. „Ja un?" - „Na ja", seggt Susanne, „du glöwst gor nich, wo olt de ahn Breiftasch utsüht!"

*

Ulrike straakt Rolf sacht oewer de Hoor. „Du, Schatz? Wat warden woll dien Öllern seggen, wenn se hüren dat wi uns verlawt hebben?" Rolf süfzt. „Ach, weist du, mien Öllern sünd mi ganz egal. Ick frag mi blot, wat mien Fru dortau seggen ward."

„Na Tom", fröggt Norbert, „woans wier denn dien Wochenenn'?" - „As man't nimmt", seggt Tom, „twei Daag Wintersport." - „Aha. Un dat wier woll bannig anstrengend, so as du utsühst." - „Stimmt", nickt Tom, „besünners de tweite Dagg." - „Wat hest du denn för'n Wintersport makt?", will Norbert weiten. „Nu ja", seggt Tom, „Sünnabend wier ick mit mien Fründin Skilopen, un Sünndagg is mien Fru mit mi Släden führt."

*

„Dat will ick di mal seggen!", bölkt Manfred, „du wardst di noch ümkieken, wenn ick mal doot bün!" - „Starw du ierstmal!", bölkt sien Fru trügg, „ümkäken hew ick mi all!"

*

Dat jung Ehepoor Meier is mit'n Kinnerwagen in de Stadt ünnerwägens, as ehr Franz oewer denn' Wegg löppt. „Ach, dat dor is woll Seehr lütt Soehn?", fröggt he. „Ja", strahlt Fru Meier, „dat is uns Jüngst. Na, wat meinen Se, weckern süht he woll ähnlich?" - „Tjä", seggt Franz, „dat weit ick nich, ick kenn nich so väl Lüüd hier in de Stadt."

Harry kiekt an' Stammdisch ganz bedrippst in sien Bier. „Wat kiekst du denn so trurig?", fröggt sien Fründ Dieter. „Ach", seggt Harry, „mien Fru giwt mi einfach tau väl Geld ut."

„So?", seggt Dieter, „för wat denn so?" Harry süfzt. „Gistern tau'n Bispill hew ick'n Mann in't Kleederschapp funnen. Un se seggt, denn' hett se instellt, dat he wägen de Motten uppasst."

*

Günter is nich miehr de Allerjüngst un upschons he ok all bäten väl Buuk un bäten wenig Hoor hett, glöwt he ümmer noch, dat em kein Fru wedderstahn kann. As he in dat Lokal ne smucke junge Fru allein an einen Disch sitten süht, stüürt he furts dorup tau un fröggt: „Dörf ick mi tau Se setten, schönes Fröllein?" Se brummelt jichtenswat, un Günter sett' sick furts daal." - „'n herrlichen Abend, nich?", leggt nu Günter los. Se brummelt wedder wat vör sick hen, äver Günter lött nich nah. „'n wunnerschönes Kleed hebben Se an." De Antwurt is ok ditmal nich tau verstahn, äver Günter giwt nich up: „Stüürt Se dat, wenn ick smöken dau?" Nu hett de Diern nauch: „Nee! Bi Se würd mi dat nich mal stüüren, wenn Se awbrennen!"

Klaus süht, dat bi sienen Fründ Jan twei dicke Tranen in't Bierglas fallen. He sett' sick näben em un leggt em denn' Arm üm de Schuller. „Wat is los?" - „Ach", seggt Jan, „weitst du, dor hew ick mien Fründin nu ein ganz Johr lang jeden Dagg 'n Leiwsbreif schräben. Un nu kriggt se 'n Kind von denn' Breifdräger."

*

„Du", strahlt Klas, „ick hew mi nu ok so 'n Telefon ahn Schnur köfft! Wunnerbor, segg ick di!" - „Aha", seggt Hein, „un worüm?" - „Na Mann, nu kann mien Fru doch blot noch telefonieren bet de Akku all is!"

*

As Karsten wedder tau sick kümmt, süht he, dat he in't Krankenhus liggt un dat sien Fru bi em an't Bett sitt. „Hallo, Schatz", seggt he, „ick weit gor nich miehr, woans dat kamen is, dat ick hier land't bün. Wat is denn passiert?" - „Oh", seggt se, dat kann ick di verkloren. Du büst kanonenduun nah Hus kamen, hest dat Finster upmakt un wusst mi bewiesen, dat du fleigen kannst." - „Oh Gott", stoehnt Karsten, „un worüm hest du mi nich trügghollen?" - „Tjä", seggt sien Fru un grient, „ick hew dacht, du kannst dat würklich!"

Wenn denn' Äsel tau woll is ...

De Stammdischrunn' treck mal wedder bannig oewer de Frugens her. Paul rägt sick besünners up. „Dat schlimmst an de Wiewer is, dat se ümmer dat letzt Wurt hebben möten!" - „Dat stimmt", seggt Korl, „äwer gistern harr i c k bi mien Frau endlich mal dat letzt Wurt!" - „Oh!", staunt Paul, „un wat hest du seggt?" - Korl grient. „Na gaud, denn kööp dat äben …"

*

„Susanne, worüm weinst du denn?", fröggt Tina, „harrst du Arger tau Hus?" - „Ja", rohrt Susanne, „wat glöwst du, wat mien Kierl för'n Theater mit mi makt hett, as ick denn' Fernseher ut de Slaapstuw rutsmäten hew." - „Un worüm hest du dat dahn?", will Tina weiten. Susanne rohrt noch luder. „Gistern Abend, weitst du, ick wier so bi't Inslapen, dor straakte he mit mal mit sien Hand so oewer mienen Rücken … un denn ok noch bäten woanners hen … un as ick mi grad tau em ümdrehn wull, hürte he mit mal up." - „Aha", seggt Tina, „un worüm?"
Nu blarrt Susanne richtig los. „He harr de Fernbedienung funden!"

„Du, Arno, harr nich gistern dien Frau Geburtsdagg?",
fröggt Knut. Arno nickt. „Un? Wat hest ehr schenkt?" -
„Holl blot up!", stoehnt Arno, „wat meinst du, wat ick
wägen dat Geschenk för'n Arger mit ehr krägen hew!" -
„Wat hest ehr denn schenkt?", fröggt Knut. „Nu ja", seggt
Arno, „as wi körtens an einen' Schmuckladen vörbigahn
sünd, hett se seggt, se wünscht sick so'n bäten wat för
Hals un Uhren un Händ'n ... un dor hew ick ehr 'n Stück
Seep schenkt."

*

„Weitst du, mien Kierl, de hett so bilütten oewerhaupt
kein Manieren miehr", seggt Karla, „wenn ick tau'n Bispill
mit em snacken dau, denn hohjahnt de ganz ungeniert!"
Ehr Fründin Lydia grient. „Villicht hohjahnt he ja gor
nich, villicht will he blot mal wat seggen!"

*

„Kiek mal, Heinz", sagt Doris, as se mit ehren Mann in't
Cafè sitt, „dat verleiwte Poor dor an denn' annern Disch -
wo glücklich de utseihn! Ob de woll verheurad't sünd?"
- „Du", seggt Heinz, „dat kann ick di seggen. De sünd
verheurad't. He in München un se in Berlin."

Marlies is bannig in Brass. „Kurt, wenn dat Luder von näbenan, disse Elvira, noch mal versöcht, sick up de Straat an di rantaumaken, denn seggst du ehr mal düchtig de Meinung, klor?" - „Ja, dat mak ick", seggt Kurt, „äver wecker Meinung sall ick ehr denn seggen - dien odder mien?"

*

„Herr Kullmann", seggt de Nahwer, „se süllten abends doch leiwer de Vörhäng tautrecken. Gistern künn ick nämlich Se mit Seehr Frau bi'n Sex taukieken." - „Hollen Se up, hier Loegen tau vertellen!", blafft Kullmann, „gistern wier ick gor nich tau Hus!"

*

Anke wunnert sick bannig, as se ehr Fründin Silvia mal wedder dröppt. „Oh, du hest ja düchtig awnahmen!" Silvia nickt. „Ja, mien Mann argert mi ümmer so, dat makt mi fix un fardig." - „Denn trenn di doch von em", slöggt Anke vör. „Ja", seggt Silvia, „dat mak ick ok. Äver ierst in 8 Wäken." Anke wunnert sick. „Worüm ierst denn?" - „Na ja", seggt Silvia, „denn hew ick mien Idealgewicht!"

Sybille packt wütend ehr'n Kuffer. Dietmar steiht dornäben un jammert: „Äwer worüm wisst du mi denn verlaten, mien Schatz? Ick hew di doch verspraken, 'n ganz Annern tau warden!"

Sybille knallt denn' Deckel tau. „Dat is tau laat. Denn' ganz annern hew ick all!"

*

„Du, segg mal, Elfie", fröggt Sonja, „büst du ümmer noch glücklich mit dienen Mann?" - „Klor", seggt Elfie, „wi hebben all fief Mal de Scheidung trüggtreckt!"

*

Fred steiht in' Laden un kiekt up dat Regal mit de Spirituosen. „Na, wat müchten Se denn?", fröggt de Verköperin. „Ick harr giern ne Buddel Koem", seggt Fred, „denn' glieken as bi't letzt Mal." - „Tschä", seggt de Verköperin, „dat möten Se mi all genauer seggen. Ick weit nich miehr, weckern se damals köfft hebben. Wat för'n Sort wier denn dat?" Fred treckt de Schullern hoch. „Dat weit ick nich. Äwer nah denn' achten dorvon hett mien Fru utsehn as Claudia Schiffer."

„Manfred, du kiekst ja bannig vergrätzt! Hest du all wedder Striet mit dien Fru hatt?" - „Ja." -
„Minsch, denn mötst du ehr mal richtig de Tähnen wiesen!" - „Dat hew ick all makt." - „Ja, un?" - „Nu fählen mi twei."

*

Georg stolpert binah oewer sienen Nahwer, as he in sien Wahnung will. „Minsch, Klaus, „worüm sittst du denn hier up de Trepp?" Klaus kiekt wütend vör sick hen. „Mien Fru hett denn' Sloetel. Un de kümmt un kümmt nich nah Hus!" Georg hett Mitleid mit em. „Denn kam man mit rin tau mi. Du mötst doch ok all Hunger hebben. Ick gäw di wat tau äten." Klaus winkt aw. „Nee, lat man, tau Äten will ick nix." - „Nanu?", frögt Georg, „un worüm nich?" „Dat is so", knurrt Klaus, „wenn ick äten hew, denn ward ick ümmer friedlich!"

*

Ein Ehepoor sitt bi't Meddagäten un he bekleckert sick mit de Supp. „Oh Gott", seggt he, „ick seih ut as 'n Farken!" - „Dat stimmt", seggt sien Fru, „un nu hest du di ok noch mit Supp bekleckert!"

„As ick di heuradt hew, bün ick würklich 'n schönen Trottel wäst!", bölkt Paul. Sien Fru lacht.
„Dat stimmt nich, mien Schatz, s c h ö n büst du nienich wäst!"

*

Gerd dröppt Richard un seggt: „Du, ick harr gistern dat Vergnäugen, dien Swiegermudder kennentauliehren." Richard wunnert sick. „So? Un wat wier doran ein Vergnäugen?" Richard grient. „Dat Vergnäugen doran wier, dat dat nich mien is!"

*

Fru Meier sitt bi'n Anwalt un de fröggt: „Worüm willen Se sick denn scheiden laten, Fru Meier?" - „Ach, weiten Se", seggt Meiersch, „mien Mann, de is mi einfach tau ruhig." De Anwalt staunt. „Tau ruhig? Woans denn dat?" - „Stellen Se sick blot mal vör", seggt Fru Meier, „wi sünd nu soeben Johr verheuradt, un he hett in de ganze Tied blot söss Mal mit mi snackt!" - De Anwalt staunt noch miehr. „Oha. Denn hebben Se woll ok kein Kinner?" - „Doch", seggt se, „söss Stück."

As Marianne nah Hus kümmt, fröggt se ehren Mann: „Du, worüm vertellst du oewerall rüm, du harrst mi heuradt', wiel ick so gaud kaaken kann? Ick kann doch gor nich kaaken!" - „Na ja," seggt ehr Mann, „ick wull äben ok mal wat Gaudes oewer di vertellen."

*

Fru Schmidt lött denn' Dokter tau ehren kranken Mann kamen, un as de denn' Patienten ünnersöcht hett, seggt he: „Ja, dat deiht mi leed, Fru Schmidt, Sehr Mann is doot." Dor fangt Schmidt sick mit mal an tau rögen un stoehnt: „Äwer dat stimmt doch gor nich." - „Höllst du woll mal dienen Mund!", röppt dor sien Ollsch, „dat ward de Herr Dokter doch woll bäder weiten as du!"

*

„Na, Günter?", fröggt Siegfried, „woans löppt' denn so tau Hus?" - „Nu ja", seggt Günter, „as man dat so süht. Mit mien Fru is dat bannig anners worden. De hett tau Hus oewerhaupt nix miehr tau seggen!" - „Oh", staunt Siegfried, „siet wann denn dat?" Günter grinst. „Siet mien Schwiegermudder bi us wahnt."

„Mann, dat ward ümmer schlimmer mit mien Fru!", süfzt Hannes, „nu is se all wedder grundlos iewersüchtig!" - „Na, na", grient Jürgen, „is dat denn würklich so grundlos?" Hannes fangt nu ok an tau grienen. „Na klor! Se hett ne ganz anner in Verdacht!"

*

„Du, Tom", seggt Ralf, „ick ward mi scheiden laten." - „Nanu?", wunnert sick sien Kumpel, „un worüm?" Ralf süfzt. „Mien Fru hett all drei Wochen kein Wurt mit mi snackt." Tom fangt an tau grübeln. „Drei Wochen kein Wurt? Du, dat würd ick mi äwer noch mal oewerleggen." - „Aha?", seggt Ralf, „un worüm?" - „Na ja", seggt Tom, „so'n Frau find't man so licht nich wedder."

*

„Na, Norbert?", fragen de Kumpels an' Stammdisch, „wo-ans wier denn dien Hochtied?" - „Ach, süss ganz schön", seggt Norbert, „blot mit denn' Fotografen harr ick Arger." - „Woso denn dat?", willen sien Frünn' weiten. „Na ja", seggt Norbert, „he hett seggt, he wull ein Bild von dat glückliche Poor maken. - Un denn hett he mien Fru un ehr Mudder fotografiert."

Siegmund is all ümmer still un schüchtern wäst, äwer in de letzt Tied löppt he ganz bedrippst dörch de Gägend. „Du kiekst so, as wenn du tau Hus all wedder Arger hatt hest", seggt Benny, as he em dröppt. Siegmund nickt blot trurig. „Ick hew di gliek warnt!", röppt Benny, „worüm hest du blot disse Fru heurad't! Woans is dat oewerhaupt dortau kamen?" - „Ja, weitst du", seggt Siegmund, „dat keem so: Wi seten taufällig in't Cafè an einen Disch un hebben uns ünnerhollen, un ick wüsst nich soväl tau vertellen un tau'n Schluss wüsst ick nich miehr, wat ick süss noch seggen süll ...."

*

„Ick hew de Snut vull!", seggt Paul, „ick ward nienich wedder ne Fru fragen, ob se mi heuraden will!" - „Aha", seggt Kurt, „denn büst du woll oewerall awblitzt?" - „Nee", stoehnt Paul, „bi de letzt äben nich!"

*

Twei Fründinnen sitten bi'n Kaffee. „Du", seggt de ein, „gistern up de Party, dor hebben all mien Tähn bewunnert." De anner grient ehr an. „Woso? Hest du ehr rümreicht?"

„Du Sven, kiek doch mal! Dor geiht dien Fru mit 'n annern Kierl in't Kino!", röppt Mike. Sven kiekt nah dat Kino roewer. „Ja, stimmt." - „Mann", seggt Mike, „wisst du dor nich furts achteran?" Sven schüttelt denn' Kopp. „Nee. Ick kenn denn' Film doch all."

*

„Du, Schatzi", fröggt Irene, as sick Michael tau ehr an' Sünndaggs-Frühstücksdisch sett', „du hest oewer Nacht in' Slaap ümmer wedder denn' Namen ‚Marie-Luise' seggt. Wat hett dat tau bedüden?" Ehr Mann langt nah de Zeitung un seggt: „Ach, weitst du, dat is de Nam von dat Pierd, dat ick ümmer krieg, wenn ick tau'n Rieden gah." Sien Fru springt up, langt sick de Bratpann von' Hierd un knallt em dormit links un rechts wat üm de Uhren. „Aua!" schriegt he, „worüm denn dat?" - „Dat fragst du noch?", schriegt Irene un haugt noch tweimal tau, „dit Pierd hett vörhen anraupen!

*

„Minsch, Norbert, du strahlst ja so!" - „Ja, stell di vör, gistern hew ick mien Fru mit denn' Breifdräger erwischt!" - „Oh Mann, un wat hest du makt?" - „Nu hew ick mi äben grad 'n Postfach inricht!"

„Du, Jürgen?", fröggt Rolf, „wohen kiekst du eigentlich ümmer tauierst bi ne smucke Frau? Up de Bein? Odder up de Bost?" Jürgen grient. „Tauierst kiek ick mal, ob mien Ollsch kiekt."

*

„Du", seggt Krischan tau Fritz, „ick hew dien Fru all lang'n nich miehr seihn." Fritz süfzt deip up. „Dat Glück mücht ick ok mal hebben."

*

„Worüm dreihst du denn nu vör dat Slapengahn de Heizung vull up?", fröggt Paula bi't tau Bett gahn ehren Mann. „Dat mak ick för di", seggt de, „ick hew hürt, dat du gistern tau dien Fründin Klara seggt hest, du würdst giern noch mal ne richtig heite Nacht hebben."

*

„Du, Susanne, dien Mann süht äwer gaud ut in denn' niegen Anzugg", seggt Isolde. Susanne kiekt ehr grot an. „Wat? Dat is keinen niegen Anzugg, dat is 'n niegen Mann!"

Krischan süht, dat Egon mit sien Auto bi't Finanzamt vörführt, anhöllt, up de anner Siet geiht, de Dör upritt un sien Fru rutsmitt. „Worüm hest du denn dat makt?", will he weiten, as he Egon wedder dröppt. De grinst. „Hest du noch nix dorvon hürt, dat man ungewöhnliche Belastungen bi de Stüür awsetten kann?"

*

An' Stammdisch ward oewer Dichtkunst snackt. „Du, Tom", seggt Manfred, „körtens hew ick wedder dissen Satz hürt: „Zwei Seelen wohnen, ach, in meiner Brust ..." - kannst du mi mal seggen, woans man dat verstahn sall?" Tom nickt. „Ja, dor seggt man ok ‚gemischte Gefühle' tau." Manfred begrippt dat nich. „Pass mal up!", seggt dor Tom, „dien Schwiegermudder kümmt mit' Auto von de Straat aw un stört' oewer einen hunnert Meter hogen Felsen in't Meer." - „Oh!" seggt Manfred, „un worüm hew ick dor gemischte Gefühle?" Tom grient. „Ehr passiert dat mit dienen nagelniegen Mercedes!"

*

„Mien Fru is dat gröttst Klatschmuul, dat dat up de Welt giwt!", seggt Arthur an' Stammdisch, „dat hett sick gistern grad mal wedder rutstellt!" - „Un dörch wat?", fragen de annern. „Se hett mi mit mien Sekretärin erwischt" seggt Arthur, „un gliek rönnt se nah denn' Anwalt un vertellt em dat!"

*

„Ach, männigmal seggen Männer leider würklich de Wohrheit", klagt Bettina. Ehr Fründin Claudia wunnert sick. „Woso leider?" - „Na ja", seggt Bettina, „mien Mann hett mi vör de Hochtied dat Paradies verspraken. Un nu hew ick würklich bald nich miehr tau'n antrecken."

Lütte Kinner - lütte Sorgen ...

„Mutti", fröggt de lütt Benny, „kannst du mi vertellen, woans dat vör sick geiht, wenn so'n lütt Baby geburen ward?" Sien Mudder straakt em oewer denn' Kopp. „Ja, dat kann ick. Pass mal up: Tauierst kümmt de lütt Kopp, denn de Schullern un de Arm, denn de Liew un tau'n Schluss de lütten Bein." - „Ach so!", freut sick Benny, „ick weit all! Un denn ward dat tausamenbuugt!"

*

„Dat dörf ja woll nich wohr sien!", bölkt Kurt. „Knapp is de Bengel sössteihn, dor smökt he hier an Middagsdisch! Nimm furts denn' Kippen ut de Snuut! Ick harr mi in dien Öller sowat nich truugt!" - „Nee", grinst sien Soehn, „du harrst ja ok Respekt vör dienen Vadder."

*

„Unkel Ewald?", fröggt de lütt Max, „deiht dien Uhr eigentlich ümmer noch weih?" Sien Unkel kiekt em an. „Wat? Woans kümmst du denn dorup?" - „Na ja", seggt Mäxing, „Papi hett seggt, he harr di gistern düchtig oewer't Uhr haugt!"

Tante Lisa nutzt jed Gelägenheit, üm ehr lütt Nichte Sandra tau beliehren. „Na, woans wieren denn dien Ferien up'n Buurnhoff?", fröggt se ehr, as se wedder mal tau Besäuk is.

„Schön!", seggt de Lütt, „dor geew dat ok 'n ganz wittes Pierd!" Tante Lisa kiekt ehr streng an. „Dat wier kein wittes Pierd, dat wier 'n Schimmel!" - „Ja", seggt Sandra, „un denn wier dor ok noch 'n ganz swattes Pierd." Tante Lisa kiekt noch strenger. „Dat wier kein swattes Pierd, dat wier 'n Rappen!" - „Na gaud", seggt lütt Sandra, „un denn wiern dor ok noch Käuh, de wieren 'n bätten rapplig un bäten schimmlig!"

*

„Du, Klaus", seggt Doris bi'n Frühstück, „wi möten bilütten uppassen, wat wi snacken, wenn uns Dochter dorbi is." - „Meinst du?", fröggt Klaus achter de Zeitung, „un worüm?" Doris gütt em Kaffee in. „Se fangt all an, pienlich Fragen tau stellen." Klaus leggt de Zeitung dal. „Aha, un wat för weck?" Doris grient em an. „Tau'n Bispill, worüm ick di heurad't hew."

Heiner dröppt denn' Liehrer up de Straat. „Gaud, dat wi uns oewer'n Wegg lopen", seggt de, „ick möt Se dorup mal anspräken, Herr Schmidt, ick hew'n Problem mit Seehrn Soehn in de Schaul." - „Aha", seggt Heiner, „un wat för ein?" - „Dat Problem is", seggt de Liehrer, „he quatscht mi einfach tau väl!" Dor lacht Heiner los. „Mien Soehn? Dor müssten Se ierst mal sien Mudder hüren!"

*

Fru Petersen kiekt de jung Diern streng an, de vör ehr steiht. „Se müchten also giern bi uns as Kinnermäten anfangen?" De Diern nickt. „Ja, Fru Petersen." - „Denn möt ick Se ein por Fragen stellen: Hebben Se so'n Stell all mal hatt?" De Diern nickt wedder. „Ja, bet vör korten." Fru Petersen hakt nah: „Un worüm sünd Se dor nich bläben?" Nu ward de Diern verlägen. „Mi is künnigt worden". Fru Petersen ward misstruugsch. „Aha! Un worüm?"
De Diern kiekt vör sick dal un seggt: „Ick hew männigmal vergäten, abends de Kinner tau baden." Dor schütt de lütt Basti achter de Dör rut un röppt: „Mami! Mami! De nähmen wi!"

„Du, Tante Susanne, ick glöw, ick krieg bald'n lütten Brau-
der!", freut sick Maiki. Sien Tanten wunnert sick. „So?
Un woher wisst du dat weiten?" - „Na, dat is doch klor!",
röppt de Lütt, „körtens müsst Mama in't Krankenhus, un
as se wedderkeem, harr ick ne lütt Schwester. Un gistern is
nu Papa in't Krankenhus kamen ..."

*

„Weitst du, wat man för so'n Tüügnis kriegen müsst?",
bölkt Werner, „düchtig poor achter de Uhren!" - „Dat finn
ick ok, Papi!", röppt Stefan, „ick segg di glïek mal, wo uns
Liehrer wahnt!"

*

Horst kiekt oewer denn' Disch up sien Dochter un seggt:
„Nu ätst du äver endlich dien Supp up, Sandra! Anner
Minschen wieren froh, wenn se blot de Hälft von disse
Supp harden!" Sandra schluckt. „Dat wier ick ok, Papi!"

Dat is all bannig düster buten, as Harry dat Finster up-ritt un rutröppt: „Wat makst du denn üm disse Tied in denn' Gorden, Susi?" - „Nix wieder, Papi, ick kiek mi blot denn' Mand an!", kümmt dat von buten trügg. Harry lähnt sick noch 'n bäten wieder rut. „Na gaud. Denn segg denn' Mand, he sall man sien Büx wedder antrecken un nah Hus führen!"

*

Ein lütt Jung kiekt bi't Baden so an sick rünner un fröggt sien Mudder: „Du, Mami, dat dor, is dat mien Gehirn?" - „Nee", seggt sien Mudder, „noch nich."

*

„Hallo, Papi!", röppt Yvonne un will gliek wedder verswin-nen. „Täuw doch mal", seggt ehr Vadder, worüm löppst du denn gliek wegg? Wisst du mi nich ierstmal vertellen, wo-ans de ierst Fohrt mit mien Auto awlopen is?" Sien Doch-ter bliwt verlägen stahn. „Ach, Papi, ick denk, dat süsst du leiwer morgen in alle Rauh in de Zeitung läsen."

De ierst Stunn' Religionsünnerricht. De Paster fröggt: „Seggt mal, Kinner, ward bi juch vör dat Äten bädt? Na, Kevin, woans is dat bi juch?" Kevin treckt mit de Schullern. „Dat weit ick nich." De Paster schüttelt mit'n Kopp. „Äwer hür mal, du büst doch ümmer dorbi! Seggt dien Vadder vör dat Äten wat von Gott?" Nu föllt Kevin wat in. „Ja, Herr Paster, männigmal deiht he dat." - „Sühst du", nickt de Paster, „un wat seggt he denn?" - „O h G o t t , wat is dat wedder för'n Fräten!"

*

De Liehrer argert sick in de Dörpschaul ümmer wedder mit de Buurnkinner rüm. Se sünd em einfach tau dumm, as he meint. Besünners Korl. De kann de einfachsten Räkenupgaben nich. „Korl, wat is ein un ein?" Korl kiekt em doemlich an. „Dat weit ick nich, Herr Liehrer." De halt deip Luft. „Pass mal up: Wat is ein Schinken un noch ein Schinken?" Korl ward munter. „Ein Schinken un noch ein Schinken? Dat is'n Nors, Herr Liehrer!" De Liehrer geiht binah in de Höögt. „Herrgott noch mal! Ick mein, wat dor rutkümmt!" Korl grient. „Schiet, Herr Liehrer!"

„Omi!", röppt de lütte Franz, „Omi, uns Baby klappert mit de Tähnen!" - „Äwer Fränzing", seggt sien Oma, „dat Baby hett doch noch gor kein Tähnen!" - „Ick weit", röppt Franz, „dat klappert ja ok mit de von di!"

*

„Du, ick hew hürt, dien Dochter makt ehr Gesangsstudien nu in't Utland wieder?", seggt Anna, „dat möt doch äwer bannig düür sien." - „Nu ja, eigentlich woll", seggt Elvira, „äwer dat ganze Hus hett dorför sammelt."

*

„Du", seggt Erich an' Stammdisch, „ick hew mi körtens mal mit dienen Soehn ünnerhollen. De snackt ja'n bannig verkiehrtes Dütsch." Paul winkt aw. „Dat weit ick, äwer dat wunnert mi gor nich." - „Ach?", staunt Erich, „un worüm wunnert di dat nich?" - „Na ja" seggt Paul, „all dat ierst Wurt, dat he in sien Läben tau mi seggt hett, wier verkiehrt." Erich kiekt em grot an. „Un wecker Wurt wier dat?" Paul grient. „Papa."

De Liehrerin leggt ein nieges Klassenbauk an. „So, Mäxing, un nu büst du an de Reig: Wenniehr büst du geburen?" - „Ick bün oewerhaupt nich geburen, Fru Liehrerin", seggt Max, „ick hew ne Stiefmudder!"

*

Ein Liehrer is tau Verträdung in ein Klass un will tauierst mal prüfen, wat de Kinner so weiten. „Na, Kinner, denn strengt juch mal an. Bi woväl Grad kaakt Wader?" Tobias weit furts de Antwurt: „Bi 100 Grad!" De Liehrer schüttelt denn' Kopp. „Dat is verkiehrt. Wat seggst du, Peter?" Peter hett de glieke Antwurt: „Bi 100 Grad." Nu ward de Liehrer argerlich. „Äwer ick hew doch seggt, dat dat verkiehrt is! Wader kaakt bi 90 Grad!" Nu meld't sick Corinna, de Best ut de Klass. „Äwer Herr Liehrer, hier in't Bauk steiht ok, dat Wader bi 100 Grad kaakt!" De Liehrer stutzt. „Wat? So'n Schiet! Denn möt ick dat woll wedder mit denn' rechten Winkel verwesselt hebben!"

*

„Ralfi", fröggt de Liehrerin, „worüm hest du gistern in' Ünnerricht fählt?" Ralfi steiht up. „Bi uns hett dat gistern brennt, Fru Liehrerin." De Liehrerin kiekt noch mal in't Bauk. „Äwer vörgistern wierst du ja ok nich dor!" - „Nee", seggt Ralfi, „dor müsst ick ja bi't Möbel utrümen helpen.!"

*

As Fru Peters an' Abend ut dat Hus will, süht se de Dochter von ehr Nahwers an de Husdör stahn. „Na, Susi, dien Öllern sünd ja nu hüt nahmeddag in Urlaub führt ... kümmst du nu ok ahn ehr trecht?" Susi nickt iewrig. „Na klor!" - „Na ja", seggt Fru Peters, „worüm ok nich. Mit 16 kann man ja ok mal allein blieben, stimmt?" De Diern nickt wedder. „Un ick bün ja ok gor nich allein, mien niege Fründ kümmt gliek." De Nahwersch versöcht, ein streng Gesicht tau maken. „Oha! Denn makt äwer kein Dummheiten!" Susi schüttelt denn' Kopp. „He hett seggt, he leiwt mi blot platonisch!" Nu möt Fru Petersen doch bäten grienen. „Kiek mal an! Weitst du denn ok, wat dat bedüd't?" - „Nee", seggt Susi, „äwer sicherheitshalber hew ick grad noch mal duscht."

„Papi", seggt de lütt Sören, „ick weit 'n ganz dullen Witz!"
Sien Vadder lacht. „Aha! Denn vertell em mi doch mal!"
Sören schüttelt denn' Kopp. „Dat geit nich, Papi, dor bün
ick noch tau jung för."

*

„Du, Tante Frieda, ick kann all bet twölben tellen!", seggt
de lütt Toni. „Oh!", wunnert sick sien Tanten, „du ge-
ihst doch noch gor nich tau Schaul! Woher kannst du
dat denn?" - „Dat is ganz einfach", seggt de Lütt, „ick hür
ümmer tau, wenn Mutti de sülwern Läpels tellt, wenn du
gahn büst!"

*

„Omi?", fröggt de Enkel „kann ein Minsch ok ein Schipp
sien?" Sien Oma kiek em verdutzt an. „Dat is ja ne narr-
sche Fraag, Maiki, woans kümmst du denn dorup?" - „Na
ja", seggt de Lütt, „vörhen as du klingelt hest, hett Papi
dörch't Finster käken un seggt: Dor kümmt de oll Fregatt
all wedder!"

Heiner klagt sick an denn' Stammdisch wedder mal ut. „Mannomann, disse niemodsche Kram oewerall - ick kam dor einfach nich mit trecht!" - „Wat versteihst du denn nu all wedder nich?", will Egon weiten. Heiner süfzt. „Mien Dochter, de hett doch Elektronik un Datenverarbeitung un sowat allens studiert." - „Ja", seggt Paul, „sowat is doch gaud." Heiner schüttelt denn' Kopp. „Nee, ick find dat schlimm." - „So'n Quatsch!", seggt Egon, „dat's doch 'n schönen Beruf, denn' se hett." Heiner halt deip Luft. „So? Dor kriggt se doch 'n Schaden von! Gistern abend hett se tau mienen lütten Enkel seggt: „So, nu tippst du fix noch dien Abendgebet in denn' Computer un denn aw in't Bett!"

De beste Krankheit döggt nix

„Se sünd ja ümmer noch so nervös, Herr Spillmann", seggt de Dokter, „bi de letzt Spräkstunn' hew ick Se doch raden, gägen Seehr Unrauh mal wat tau daun: Sick von allen Larm un all Uprägung trüchtautrecken, sick mit de Natur tau befaten, as Hobby villicht tau Jagd tau gahn. Hebben Se dat dahn?" Spillmann nickt. „Ja, ick gah binah jeden Dagg up Jagd." - „Un?", frögt de Dokter, „hett dat nich hulpen?" - „Nee", süfzt Spillmann, „in' Gägendeil. Ick bün nu ierst recht unruhig un nervös." De Dokter schüttelt denn' Kopp. „Dat wunnert mi äwer. Bi anner Patienten hett dat hulpen." - „Ja", seggt Spillmann, „dat magg sien. Äwer de hebben ja villicht ok 'n Jagdschien …"

*

Hannes möt an de Himmelspuurt binah ne Stunn' lang täuben. As Petrus denn endlich kümmt, süht he, dat Hannes dor steiht un lacht un lacht. „Oewer wat lachst du denn?", frögt Petrus. „Kieken Se doch mal daal!", seggt Hannes, „ick bün nu all so lang'n hier baben, un de Dussels dor ünnen operieren mi ümmer noch!"

De Gesundheitsminister besöcht ein Nervenklinik un hett würlich 'n gauden Indruck von dat Hus. Nah denn' Rundgang nimmt he denn' Chefarzt noch mal bisiet un seggt, dat he oewer twei Patienten, de he seihn harr, noch wat Negeres weiten wull. „Giern", seggt de Chefarzt, „wecker Patienten wieren dat?" De Minister verklort dat nu: „In denn' einen Ruum seet ein Mann, de hett up ein Bild käken un ümmertau rohrt." - „Ja", seggt de Dokter, „de truurt all siet Johren üm ein Fru, de he nich krägen hett." - „Aha", seggt de Minister, „un up denn' sülben Flur wier noch ein Patient, de is ümmer mit denn' Kopp gägen de Wand lopen." - „Stimmt", nickt de Dokter, „dat is de, de disse Fru krägen hett."

*

„Na, Manfred, wat hett di denn de Dokter gägen dien Slaplosigkeit verschräben?"
„Ein Potenzmittel."
„Wat? Ein Potenzmittel?"
„Ja, domit mi dat Waakblieben miehr Spaß makt!"

„So, Herr Peters", seggt de Ärztin, „nu kriegen Se disse Spritz un denn warden Se deip un fast slapen un gor nix marken." - „In Ordnung, Fru Dokter", seggt Peters, „äwer ein Bidd hew ick noch: Wenn ick in de Narkos oewer mien Stüürn snacken süll - glöben Se kein Wurt!"

*

Möller kümmt nah Hus un seggt: „Du, ick hew grad ne Läbensversicherung oewer twei Millionen för mi awslaten!" Sien Fru freut sick. „Dat is schön! Denn bruken wi nich ümmer gliek nah'n Dokter rönnen, wenn du mal krank büst!"

*

„Herr Dokter", klagt Fru Karsten, „ick mak mi grote Sorgen üm mienen Mann. He bild't sick nämlich in, he wier ein Auto! Wat sall ick blot mit em maken?" De Dokter denkt nah. „Wo olt is Seehr Mann?" - „Achtunsössstig." - „Aha", seggt de Dokter, „denn weit ick wat: Drohen's em mit Verschrotten!"

Bertram süht sienen Fründ Achim all wedder mal bi'n Nervendokter ut de Dör kamen. „Segg mal, worüm löppst du blot ümmer tau'n Psychater?" - „Achim druckst so'n bäten. „Ick hew Depressionen." Bertram wunnert sick. „Depressionen? Du? Un worüm?" - „Nu ja", seggt Achim, „ick wier tau Hus dat jüngst von teihn Kinner un müsst ümmer de Saken von mien Geschwister updrägen." Bertram wunnert sick. „Äwer dat is doch nich schlimm!" - „Doch", süfzt Achim, „ick wier nämlich de einzig Jung."

*

„Also, mit mienen Mann, dor hew ick ein bannig grot Problem, Herr Dokter", vertellt Annemarie denn' Psychiater, „he bild't sick nämlich in, he is'n Pierd! He frätt blot noch Hawer un Heu, he wiehert denn ganzen Dagg, un nu will he sick ok noch de Fäut beschlagen laten! Kann man dat heilen?" De Dokter kratzt sick an' Kopp. „Ja, dat kann man villicht, äwer dat betahlt de Kass nich, un dat ward bannig düür ... koenen Se sick dat ok leisten?" - „Na klor, Herr Dokter", seggt Annemarie, „he hett doch all drei Rennen gewunnen!"

„Na, wat hett Seehr Mann von de Reis nah Südamerika denn mitbröcht?", will de nieglich Nahwersch von Elvira weiten. De will 'n bäten angäben. „Einen Chinchilla!" De Nahwersch ritt de Ogen up. „Oh! Äwer maken Se sick man kein Sorgen, dat kriggt man mit Penicillin allens wegg!"

*

De jung'n Dokter staunt, as he süht, wecker dor in sien Spräkstunn' kümmt. „Äwer leiw Herr Professer, worüm willen Se denn, dat ick Se behanneln dau? Se sünd doch 'n berühmten Dokter un koenen sick doch sülben behanneln!" - „Ja", seggt de, „dat künn ick woll, äwer ick bün mi tau düür!"

*

„Dat ward ja ümmer verdreihter mit di!", blafft Ulli sien Fru an, „nu läst du all Statistiken! Kannst du mi mal seggen, wat doran interessant sien sall?" - „Dat kann ick", seggt se, „weitst du, wat hier oewer juch Kierls steiht?" - „Nee", knurrt he. Se grient. „Denn pass mal up: Dat giwt blot drei Sorten Männer: De Schönen, de Intelligenten ... un de annern 99 %."

„Na, wat is mit mien Gesundheit, Herr Dokter?", fröggt Felix. De Dokter makt ein iernst Gesicht. „Ick würd seggen, Se sünd grad noch rechttiedig kamen." Felix ward blass. „Oha! Würklich?" - „Ja", seggt de Dokter, „morgen wier't all von sülben wedder bäder wäst."

*

Konrad is dat ierst Mal bi'n Psychiater. „Warden Se mi bi mien Problem helpen koenen, Herr Dokter?", fröggt he mit bäwrig Stimm. De Dokter beruhigt em. „Worüm nich? Ick hew all väle Lüüd hulpen. Wat sünd Se von Beruf?" - „Autoschlosser." - „Wunnerbor", seggt de Dokter, „denn leggen Se sick nu mal ünner de Couch."

*

„Du, Tom", seggt Manfred „kiek mal, de beiden Frugens dor droeben, de seihn sick ja sowat von ähnlich, dat sünd säker Twäschen." Tom kiekt hen. „Nee, de kenn ick, de sünd nich mal miteinanner verwandt." Manfred staunt. „Un worüm seihn denn beid so gliek ut?" - „Ganz einfach", seggt Tom, „se hebben denn' sülben Schönheitschirurgen."

„Wat?", schimpt Bärbel los, „du hest ne Buddel Wien upmakt? De Dokter hett di doch verbaden, tau'n Äten Wien tau drinken!" - „Na gaud" seggt Gerd, „denn rüüm dat Äten wedder aw."

*

Ein Politiker löt sick vör de nächst Legislaturperiode noch mal von all medizinischen Kapazitäten ünnersäuken. Allens löppt gaud aw, blot as he bi'n Uhrenarzt is, kiekt de em so lang'n in dat ein Uhr rin, dat em dat verdächtig vörkümmt. „Wat is denn?", fröggt he, „hebben Se dor jichtenswat entdeckt?" - „Ick weit nich", seggt de Dokter, „äwer koenen Se nich villicht mal dat anner Uhr tauhollen, de Sünn, de blend't so!"

Oh Herr, wo faten Se mi hen?

Krischan föllt vör Barbara up de Knei dal un gesteiht ehr in, wo dull he ehr leiw hett. „Ick würd allens för di daun, di up Hännen dragen, di jeden Wunsch erfüllen ..."
- „Würklich?", seggt Barbara, „dat is ja schön. Äwer künnst du nich mal dien Handy utmaken, wenn du mit mi snackst? Dat bimmelt ja egalwegg!" - „Ach, Barbara", süfzt Krischan, „dat is doch nich mien Handy, dat is de Alarm von mienen Herzschrittmacher!"

*

„Klausi", seggt Babsie, „nu sünd wi all 'n Vierteljohr verlawt, un du hest mi blot e i n Mal küsst!" - „Ja", nickt Klaus, „un dat is ok gaud so. Dat ward nämlich süss fix tau Gewohnheit!"

*

Max is grad mal wedder bäten argerlich up sien Fru. „Du, Schatz", fröggt de mit mal, „würdst du mit ein anner Fru slapen, wenn ick starben würd?" - „Wat?", knurrt Max, „dorför mötst du nich extra starben!"

„Du, Norbert, hett Manfred würklich ein von sien drei Fründinnens heurad't?"

„Ja, äwer he hett vörher einen Test makt."

„Aha, un wat för einen?"

„He hett jedein dusend Euro gäben, un awtäuwt, wat se dormit maken."

„Kiek mal an. Un?"

„De ierst hett sick smucke Kleeder köfft, wiel se för em schön sien wull. Un de tweit' hett em 'n schönen Sessel köfft, ein Fernseh-Fautball-Abo un 'n Kasten Bier, wiel he dat gemütlich hebben süll. Un de drütt hett mit sien Geld spekuliert un em tweidusend Euro wedder trüchbröcht, wiel se wiesen wull, wo gaud se mit Geld ümgahn kann."

„Dunnerschlagg! Un wecker hett he nu nahmen?"

„De mit de gröttste Bost."

*

Beate is bannig ut de Puust. „Ach Schatz, ick weit, dat ick wedder väl tau laat tau uns Verawrädung kam. Entschülligung, büst du mi bös?" - „Nee", seggt ehr Fründ grotmäudig, „so väl tau laat is dat ja noch gor nich. Dat Datum stimmt ja noch."

Susi dröppt ehr Nahwersch von früher mal wedder. „Hallo, Susi, wi hebben uns ja lang'n nich sehn!", seggt de, „woans geiht' di?" - „Danke, gaud", seggt Susi un will wieder. Doch de oll Dam is bäten nieglich. „Wo olt büst de denn nu bilütten?" - „Dreiundörtig." - „Un, büst du verhaurad't?" - „Nee." - „Aha, denn täuwst du woll noch up denn' Richtigen!" Nu hett Susi nauch. „Nee, worüm? Bet nu harr ick ümmer naug Spaß mit de Verkiehrten!"

*

As Tante Alma denn' drütten Dagg tau Besäuk is, seggt se: „Susanne, du kiekst ja würklich ümmertau in denn' Speigel. Ick glöw, du büst eitel!" - „Wat?", seggt Susanne, „eitel? Ick? Ick bün oewerhaupt nich eitel! Wenn ick in denn' Speigel kiek, finn ick mi nich halw so hübsch, as ick würklich bün!"

*

„Fräulein Meier", seggt de Richter, „Se hebben taugäben, dat Se mit denn' Angeklagten intimen Verkehr harden. Un wo lang'n?" Fräulein Meier ward rot. „Na ja, meist so ne halw Stunn' ..."

Johnny dröppt sienen Fründ Arne up de Straat. „Segg mal, kann dat sien, dat ick di ollen Giezknubben gistern Abend mit ein Diern in ein Bar seihn hew?" - „Klor", seggt Arne, „un wat is dorbi?" - „Nu ja", meint Johnny, „is dat nich bannig düür worden?" Arne schüttelt denn' Kopp. „Nee. Blot teihn Euro." Johnny wunnert sick. „Wat denn, so wenig blot?" - „Ja", seggt Arne, „miehr harr se nich mit."

*

„Du, ick hew hier grad ne int'ressante Statistik läst", seggt Birgit, „ick hew läst, worüm Männer nachts upstahn möten." - „Kiek mal an", seggt Anita, „un worüm möten se upstahn?"
Birgit kiekt noch mal in dat Blatt. „Twintig Prozent stahn up, wiel so up't Klo möten. Un dörtig Prozent, wiel se an't Käuhlschapp möten." - „Aha", seggt Anita, „denn blieben noch föfftig Prozent. Un worüm stahn de up?" - Birgit grient. „Wiel se nah Hus möten."

*

Brinkmanns sitten up de Coch un kieken Fernsehn. „Du, Schatz", fröggt he mit mal, „hew ick di eigentlich dull fählt, as ick vörrig Woch nich dor wier?" Se kiekt em an. „Ach, wierst du wegg?"

*

De Dokter sett' sick wedder achter sienen Schriewdisch un seggt: „Fröllein Isolde, ick hew Se nu ne ganze Stunn' lang ünnersöcht, äwer ick kann einfach nix finnen." Isolde kiekt ganz truurig. „Gor nix, Herr Dokter?" De Dokter schüttelt denn' Kopp. „Nee. Höchstens, dat Se 'n bäten blass utsehn." Dor schenkt Isolde denn' Dokter ehr'n schönsten Ogenupschlagg. „Oh, Herr Dokter, denn seggen Se doch einfach mal wat, wovon ick rot warden künn!"

*

„Kiek mal, ne Sternschnupp!", röppt Walter, „du dörfst du di wat wünschen!" - „Wunnerbor", seggt Irma, „betahlst du dat denn ok?"

De öllerhaftig Oskar is ümmer noch scharp up ne jung Fru, un as he an de Bar näben ein smucke junge Diern tau sitten kümmt, will he de Gelägenheit nutzen. As se ok dat tweit Glas Champagner von em annahmen hett, truugt he sick, furts tau Saak tau kamen. He kiekt ehr deip in de Ogen un seggt: „Ick möt Se mal wat anvertrugen, mien Fröllein. Ick bün scheidt', äwer ick hew liekers nauch Geld för'n schönes Läben trüggbehollen, wenn blot disse Einsamkeit nich wier … kort un gaud, un ick säuk all lang'n wedder de richtig Fru för mi … wo willen Se denn hen?" De Diern lacht em von de Dör ut an. „Blieben Se man sitten, ick will blot fix nah Hus un mien Oma dissen heiten Tipp gäben!"

*

Jörg stört' furts quer oewer de Straat, as he Max dor süht. „Gaud dat ick di drap, du Schuft! Du hest mit mien Fründin slapen! Dat wardst du mi betahlen!" Max geiht furts up Awstand. „Büst du narrsch? Ick betahl doch nich tweimal!"

Sabine un Susanne hebben sick johrelang nich seihn un nu väl tau vertellen un tau fragen. „Du segg mal, glöwst du eigentlich an Kortenleggen un Wohrseggen un sowat?", frögt Susanne. Sabine weigt mit'n Kopp. „Dat kümmt up an. Mi hett mal so'n Ollsch vörutseggt, ick würd einen Mann kennenliehren, he würd mi heuraden un ick würd drei Kinner von em kriegen."

„Aha", seggt Susanne „un is dat allens indrapen?" Sabine nickt. „Ja, allens, bet up dat Heuraden."

*

Denn' Tähndokter kümmt de niege Patientin bannig bekannt vör, un as se up denn' Stauhl sitt, frögt he: „Seggen Se mal, sünd Se nich de niege Fründin von mienen Kollegen Möller?" As de jung Fru nickt, wunnert he sick. „Un worüm laten Se sick nich von denn' behanneln?" – „Weiten Se, Herr Dokter", seggt se verlägen, „ick hew mal läst, dat man an de Tähnen dat Öller erkennen kann..."

*

56

„Weitst du, Paul", seggt Fiete, „mi is ja klor, dat väle junge Frugens scharp up so'n rieken ollen Kierl as di sünd. Äwer mit dien 70 Johren noch ne Diern von 18 - woans hest du denn dat schafft?" Paul grient. „Ganz einfach. Ick hew ehr seggt, ick wier all 95."

*

Tina strahlt furts, as se ehr Dör upmakt. „Oh, dat is ja schön, dat du mal vörbikümmst, Andreas! Kam rin un sett di hen! Wisst du 'n Glas Wien?" Andreas nickt. „Ja, danke. Is dien Mann tau Hus?" - „Nee", seggt Tina un strahlt noch miehr, „äwer du kannst giern hier up em täuben, he kümmt morgen all trügg!"

*

„Mien Herr!", seggt Karina und glummt ehr'n Nahwer in't „Trocadero" an, „glöben Se, blot wiel wi hier nu ne Stunn' tausamen an de Bar säten hebben, dat ick gliek mit Se in't Bett gahn will?" De jung Mann is nich schüchtern. „Ja, dat glöw ick." - „Oh!", seggt Karina, „denn möten Se ja woll Gedanken läsen koenen!"

Betty schüwwt sick mit Mäuh dörch de välen Minschen in de Foto-Utstellung. Endlich bliwt se bi einen Mann stahn un fröggt: „Entschülligen Se, mien Herr, koenen Se mi seggen, wo in disse Galerie de Aktfotos hangen?" De anner kiekt ehr fründlich an un seggt: „Ja, dat kann ick. Se interessieren sick woll för Aktfotos?" - „Nee", snuuwt Betty, „ick säuk blot mienen Kierl!"

*

„Du, kiek mal", seggt se tau em, „wo leidenschaftlich de jung Mann de Diern dor küsst! Worüm makst du dat nich ok mal?" - „Wat?", seggt he, „glöwst du nich, dat mi de Kierl denn nich furts ein backen dehd?"

*

„Du, Ingrid?", fröggt ein Fründin bi't Kaffeekränzchen, „erinnerst du di noch an dienen iersten Kuss?" - „Nee", seggt Ingrid, „ick erinner mi nich mal miehr an mienen iersten Mann!"

„Segg mal, Susi", fröggt Claudia, „worüm dräggst du eigentlich nienich dien Brill, wenn du mit dienen Fründ utgeihst?" Susi treckt mit de Schullern. „He find't mi ahn Brill schöner. Un ick em ok."

*

Heike kippt an de Bar all denn föfften Wodka, un de Tranen lopen ehr ümmer so dal. „Oh Mann", schluchzt se, „dat Läben is so ungerecht!" De Bardam will ehr bäten helpen un fröggt: „Wat is denn los?" Heike rohrt ümmer düller. „Ick bün grad scheidt worden, un dat wier so ungerecht!" De Barfru schüwwt ehr 'n Taschendauk roewer. „Ja, Scheidungen sünd ofteins ungerecht." Nu blarrt Heike richtig los. „Ja! Se hebben mienen Mann de Kinner tauspraken! Dorbi sünd de gor nich von em!"

*

„Schatz, an wat denkst du grad?" - „Ach, an nix Besünners." - „Schad, ick dacht, du denkst an mi?" - „Dat dau ick doch."

„Also, Herr Brömmel", seggt de Dokter „Seehr Allge-
meintaustand is würklich nich gaud. Äwer ick kann ok
nix finnen ... Momang, wo oft hebben Se Sex?" Brömmel
möt nich lang'n oewerleggen. „Drei Mal an' Dagg." De
Dokter kiekt em grot an. „Oha! Un dat hollen se dörch?"
- „Na ja", seggt Brömmel, „nah't ierst Mal ward mi ümmer
de Luft knapp, nah't tweite Mal krieg ick Herzrasen un
nah't drütte Mal fall ick ümmer in Ahnmacht." De Dokter
ritt de Ogen up. „Mann! Denn hüren Se doch nah't ierste
Mal odder tweite Mal up!" Brömmel süfzt. „Dat geiht
nich, Herr Dokter, „dat drütte Mal is ja dat mit mien
Fru!"

Nich tau glöben!

Krause kümmt wütend in' Klockenladen. „Hier! De Klock, de Se mi verköfft hebben - Se hebben seggt, dor hew ick mien ganz Läben wat von! Un nu is se all kaputt!" - „Nu ja", seggt de Verköper verlägen, „Se hebben damals äwer ok siehr krank utseihn ..."

*

„Herr Ober!", blafft Schulz, „koenen Se mi nich mal seggen, wat mit mien Läwer is?"
„Woso?", blafft de Ober trügg, „bün ick Dokter?"

*

„Du, Tom", frögt Manfred, „wat würdst du maken, wenn du mit mal in dien Büxentasch'n 500-Euro-Schien findst?" Tom fangt an tau lachen. „Ick würd mi fragen, weckern sien Büx ick anhew!"

*

„Du, hest du all hürt? Uns Nahwersch liggt mit ne Vergif-tung in't Krankenhus." - „Oh, denn hett se sick bestimmt up de Tung bäten!"

„Du, bi uns is inbraken worden", seggt Erna, „un de hebben doch wohrhaftig mienen ganzen Schmuck liggenlaten!" - „Oh", seggt Alma un grinst, „dat möten ja würklich Fachlüüd wäst sien!"

*

„Ja, dat sünd würklich poor schöne Schauh, de Se sick dor utsöcht hebben", seggt de Verköper, „äwer ick segg se dat leiwer - de warden woll de ierst Woch noch 'n bäten drücken." De blonde Renate winkt aw. „Ach, dat makt oewerhaupt nix! Ick treck ehr ahnnen ierst nächste Woch an!"

*

Fru Boldt dröppt ehr Nahwersch up'n Flur un fröggt: „Stimmt dat, wat ick hürt hew? Seehr Dochter Bärbel hett sick mit'n Gerichtsvollzieher verlawt?" De Nahwersch nickt. „Ja, dat stimmt." - „Na ja", seggt Fru Boldt veniensch, „dat wier denn woll förwiss dat Einzig, wat bi Se noch tau halen wier."

„Herr Ober, de Dischdeck süht äver nich siehr appetitlich ut." - „Woso? Willen Se de mitäten?"

*

De Nahwer süht Jaqueline mit'n Kinnerwagen vört't Hus stahn. „Oh, Se hebben dor ja Twäschen in Seehrn Wagen! Nüdlich! Sünd de eineiig odder tweieiig?" De Diern kiekt em grot an. „Eineiig odder tweieiig? Dat sünd Dierns!"

*

„Oh, Entschülligung, jung Mann", seggt Fru Klutschke in' Bus, „ick harr mi äben binah up Seehr Brill sett'!" De anner schuult up ehr Achterdeil un seggt: „Dat is nich so schlimm. De hett all ganz anner Saken seihn!"

*

Fred geiht up de Straat up einen Mann tau un seggt: „Gauden Dagg. Seggen Se mal, koenen Se mi villicht 100 Euro borgen?" De anner is baff. „Woans kamen Se denn up sowat? Ick kenn Se doch gor nich!" - „Ick weit", seggt Fred, „äver de mi kennen, de borgen mi nix miehr."

Klaus ritt einen öllern Herrn trügg up denn' Börgerstieg. „He! Se koenen doch nich bi Rot oewer de Krüzung lopen!" De anner winkt aw. „Ach, dat dau ick ümmer, dor is noch nienich wat passiert." - „Na gaud", seggt Klaus, „äwer denn süllten Se taumindst ümmer de Arm dorbi hochböhren." - „Worüm denn dat?", fröggt de anner. „Tschä", seggt Klaus, „dormit man Se in't Krankenhus dat Hemd bäder uttrecken kann."

*

„Angeklagten!", seggt de Richter, „Se hebben nah dat Spill denn' Schiedsrichter verprügelt. Dorför kriegen Se ein Johr Haft. Un wiel dat in dissen Fall ein besünners swor Vergahn wier, giwt dat noch drei Johr Haft babentau." De Angeklagte wunnert sick. „Wat wier denn doran besünners swor, Herr Richter?" - „Na, hebben Se dat nich markt?", fröggt de Richter, „Se hebben sick an einen Blinden vergräpen!"

*

„Du", seggt Norbert, „sietdäm ick bankrott bün, will de Hälft von mien Frünn' nix miehr mit mi tau daun hebben." - „Dat glöw ick", seggt Hannes, „un de anner Hälft?" Norbert grient. „De weit dat noch nich."

*

„Kannst du mi mal wat verkloren?", fröggt Hannes, „wenn ick up'n Kopp stah, denn löppt mi allens Blaut in denn Kopp. Äwer wenn ick up mien Bein stah, worüm löppt mi denn nich allens Blaut in de Bein?" Norbert grient. „Wiel dien B e i n nich holl sünd."

*

De Kommissar schüwwt dat Blatt Papier roewer. „So, un nu ünnerschrieben Se hier dat Protokoll!" Fiete druckst. „Dat kann ick nich, Herr Kommissar." De kiekt em an. „Un worüm nich?" Fiete druckst noch miehr.
„Ick bün Analphabet." De Kommissar kriggt grote Ogen. „Wat sünd Se?" - „Analphabet." De Kommissar nimmt dat Blatt wedder trügg. „Baukstabieren Se dat mal!"

„Manfred, wat makt eigentlich dien Dackel?", fröggt Hein an' Stammdisch. Manfred winkt aw. „Ach, weitst du, de ward ok ümmer fuuler. Früher hett mi ümmer de Lien bröcht, wenn he rut wull." - „Un nu?", fröggt Hein. - „Nu bringt he mi de Autoslötel."

*

Fru Krüger süht, dat in denn' Park an ein Denkmal ein Diern sitt un bitterlich rohrt. Se geiht hen un fröggt: „Wat is denn, mien Diern, worüm weinst du denn an dat Denkmal hier?" Dat Mäten wischt sick oewer dat Gesicht. „Hier is mien Vadder begraben!" Fru Krüger schüttelt denn' Kopp. „Äwer dit is doch dat Denkmal för'n unbekannten Soldaten!" - „Ja, äben dorüm", rohrt de Diern, „mien Mudder hett mi nämlich hüt endlich seggt, wecker mien Vadder is, un se hett seggt, dat wier'n unbekannten Soldaten!"

*

„Norbert", fröggt Hannes, „worüm is di eigentlich dien Fründin wegglopen?" Norbert süfzt. „Ick hew ehr von mienen rieken Unkel vertellt. Un nu is se mien Tanten."

Twei Sachsen kamen mit ehr Auto in Mäkelborg an einen Buurnhoff vörbi, up denn' grad twei Swien schlacht' worden sünd. As de Lüüd dor jüst nich uppassen, klauen se dat ein Swien von de Ledder, rin dormit in't Auto un aw Richtung Heimat. Se sünd noch gor nich wiet, dor kamen se in ein Polizeikontroll. Fix sett' de ein dat Swien up denn' Rücksitz, hangt em ne Jack üm un bind't em 'n Dauk üm denn' Kopp. De Polizei kontrolliert de Papiere un lött ehr wiederführn. As se wegg sünd, seggt de ein Polizist tau denn' annern: „Du, ick kann de Sachsen twors nich lieden, äwer smucke Frugens hebben se."

*

As Claudia mal Susi wedderdröppt, staunt se: „Minsch, Susi! Düüre Klamotten, Mercedes - di geiht dat ja woll bannig gaud!" - „Ja", seggt Susi, „ick kann nich klagen. Un weitst du, mit wat ick soväl Geld verdein? Ick verköp Kuckucksuhren." - „Wat?", seggt Claudia, „un dat is so'n gaudes Geschäft?" Susi nickt. „Ja. Dat löppt hier bi uns in Norden twors hier nich so dull, äwer ick hew mi up de Amerikaner spezialisiert." Claudia staunt noch ümmer. „Un de köpen soväl von de Dinger?" - „Ja", lacht Susi, „un nich blot dat! De köpen bi jede Klock noch 'n Sack Vagelfauder dortau!"

Benny steiht achter Tom an' Schalter un wunnert sick. „Worüm köffst du denn gliek twei Fohrkorten för denn' Bus?" - „Na ja", seggt Tom, „du weitst doch, ick bün so'n vörsichtigen Minschen. Dat künn ja sien, dat ick de ein verlier. Un denn hew ick tau'n Glück noch de anner." Nu will Benny em bäten argern. „Aha. Un wenn du de anner ok verlierst?" - „Denn kann mi ümmer noch nix passieren", strahlt Tom, „denn hew ick ja ümmer noch mien Monatskort!"

*

„Seggen Se mal, Herr Paster", fröggt Herta bi de Bibelstunn', „hebben Se de Büx, de Se von de Lien klaut worden is, eigentlich wedderkrägen?" - „Nee", seggt de Paster, „jedenfalls noch nich ganz. Äver drei Knööp von ehr harr ick all in' Klingelbüdel."

*

Fru Klaukmann hett up denn' Wochenmarkt ümmer wedder mang de Appels rümgrabbelt un ehr hen un herdreiht. Tau'n Schluss fröggt se: „Sünd dat dütsche Appels?" - „Worüm willen Se dat denn weiten?", knurrt de Verköper, „willen de äten, odder mit ehr snacken?"

„Segg mal, Isolde, wullt' ji nich in' Urlaub nah Island führen?", fröggt Florian. „Ja", seggt Isolde, „nächsten Monat geiht dat los." Florian makt 'n bedenklich Gesicht. „Äwer dor is doch grad 'n Vulkan utbraken." - „Ach", seggt Isolde, „bet wi dor sünd, hebben se denn' förwiss all wedder infungen!"

*

Abends in' Stall ünner hollen sick Pierd un Kauh. „Ick holl dat bald nich miehr ut", seggt dat Pierd, „ümmertau disse Plackerie, un in' Sommer hett de Buur mi sogor Sünndaggs noch vör de Kutsch spannt!" De Kauh deiht dat Pierd leed. „Denn schriew doch einfach mal an denn' Tierschutzverein!" - „Büst du narrsch?", seggt dat Pierd, „wenn de markt, dat ick schrieben kann, denn möt ick ok noch de Büroarbeit för em maken!"

*

„Fru Tügin!", seggt de Richter scharp, „oewerleggen Se sick, wat Se nu seggen! Weiten Se, wat se för ne verkiehrte Utsaag kriegen?" Friederike nickt. „Ja, Herr Richter. De Angeklagte hett seggt, ick krieg 10 000 Euro un ein Cabrio!"

70

Bi Fru Meier klingelt dat. Se makt de Dör up un süht einen frömden Mann dor stahn. „Entschülligen Se, dat ick bi Se klingelt hew", seggt de, „äver de Namensschiller hier ünnen sünd all nich miehr tau läsen. Wahnt in dit Hus einen gewissen Vagel?" - „Ja", brummt Fru Meier, „in' drütten Stock. He heit Fink."

*

Tom makt Buur Klutmann klor, wo gaud dat is, wenn he sien Schüün bi em versichert. „Na gaud", seggt Klutmann tau'n Schluss", „wenn ick mien Schüün nu mit dissen Verdragg bi Se versichert hew, un de geiht up jichtensein Ort taunicht, egal dörch wat ..." - „Kein Problem", seggt Tom, „denn sünd wi furts för Se dor un stellen Se ne ganz niege smucke Schüün hen." - „Oh", seggt Klutmann, dat is äver schön. Denn mücht ick mien Fru ok gliek so versichern."

*

„Herr Ober", röppt Mario, „Se hebben ja denn' Dumen up mien Steak!" De Ober nickt. „Ja, mien Herr, dat hew ick makt, dormit dat nich tau'n drütten Mal rünnerföllt."

De Truurgemeinde is an't Graww bi't Awschied nähmen. Dor geiht Sieglinde mit mal tau Arno ran un zischt em tau: "Dat kann doch woll nich angahn! Hebben Se dor äben twei Wiener Würstchen up denn' Sarg von unsen leiwen Max smäten?" De nickt. "Ja." Sieglinde halt deip Luft. "Na sowat! De kann he doch nich miehr äten!" - "Na un?", grient Arno, "glöben Se, he stellt Seehr Blaumen noch in't Wader?"

*

"Du, Uwe", vertellt Lars, "ick hew hüt nacht up französisch drömt!" - "Oh", seggt Uwe, "un üm wat güng dat in dienen Droom?" - "Dat weit ick nich", seggt Lars, "ick hew kein Wurt verstahn."

*

Benny sien Mudder kiekt bös, as he nah Hus kümmt. "Worüm kümmst du nu ierst ut de Schaul?" Benny smitt sien Schaultasch in de Eck. "Ick hew nahsitten müsst." - "Wat?" futert sien Mudder dor los, "all wedder? Nimm di endlich mal'n gaudes Bispill an dienen Vadder! De kümmt wägen gaude Führung'n ganz Johr iehrer nah Hus!"

„Mami", röppt de lütt Jens, „hier in dien Schapp hangen äver väle Kleeder. Hest du de all von Papi?" Sien Mudder süfzt. „Nee, mien Jung. Wenn ick mit dat utkamen müsst, wat ick von Papi hew, denn harr ick nich mal di!"

*

Rainer sitt nah sienen Urlaub endlich wedder an' Stammdisch. „Na, woans wier dien Seereis?", fragen sien Kumpels. Rainer winkt aw. „Hollt blot up. De iersten drei Daag harden wi Sturm, un ick wier blot an't Reihern!" - „Ja, dat möt schlimm sien", seggt Bruno vull Mitgefäuhl, „äver all annern an Burd güng dat doch säker ok so." Rainer nickt. „Ja, bet up de Schotten, de dor mit wieren." - „Woso?", frögg Bruno, „de hebben nich reihert?" Rainer schüttelt denn' Kopp. „Nee. De harden einen Trick. Äver denn' hebben se mi ierst achteran verraden." Nu kieken em all nieglich an. „Un wat för einen?" - „Nu ja", seggt Rainer, „de nähmen ein Geldstück in't Muul."

*

De Richter versöcht, denn' Angeklagten moralisch tau kamen: „Hebben Se denn gor kein leeg Geweiten hat? Hebben Se bi denn' Inbruch nich einmal an Seehr arme Mudder dacht?"

„Doch", seggt de, „dat hew ick, Herr Richter. Äwer för de wier einfach nix Passendes dorbi!"

*

„Segg mal, Schatz, wo is uns Hund awbläben?", fröggt Petra an' Meddaggsdisch. Ehr Mann kiekt sick üm. „Ick glöw, de is in de Wahnstuw ünnert Sofa krapen."

Petra wunnert sick. „Komisch. Ümmer wenn wi äten, denn verswinnt he. Worüm blot?" - „Dat is doch klor", seggt ehr Mann, „he hett Bang, ick gäw em wat aw."

*

„Norbert!", röppt Manfred, „bi dien Fohrrad is achtern gor kein Luft in' Reifen!" - „Dat sall so sien!", röppt Norbert trügg un führt vörbi. „Un worüm?", bölkt Manfred em achteran. Norbert dreiht sick noch mal kort üm. „Wenn ick denn' uppumpen dau, denn is mi de Sattel tau hoch!"

Fru Kruse wunnert sick as se an' Abend nah Hus kümmt. „Nanu, Herr Kippke? Worüm liggen Se denn hier ünnen an de Trepp? Sünd se wedder mal so duun, dat Se nich rup finnen?" - „Wat sall denn dat heiten?", seggt Kippke mit swore Tung, „klor finn ick rup! Ick wier sogor all drei Mal baben!"

*

„Nu hüren Se mal tau!", seggt de Richter tau Klaffke, „Se koenen mi nich vertellen, dat Se nich markt hebben, dat dat ne frömde Breiftasch wier, de Se instäken hebben!" „Na ja", seggt Klaffke, „dat is wohr, Herr Richter. De Breiftasch wier mi frömd, äwer dat Geld keem mi so bekannt vör."

*

Max kiekt sick allens von de Fautball-WM an - Späle, Berichte, Kommentare, Interviews ...
As he wedder vör denn' Fernseher sitt, zuckt he mit mal tausamen un fröggt sien Fru: „Hest du äben wat seggt?" „Nee", seggt sien Fru, „dat wier gistern."

'n Ostfriesen is dat ierst Mal in Mäkelborg. He geiht ok so'n bäten dörch de Feller un Wischen un süht, dat dor buten Lüüd dorbi sünd, Masten intaugraben, üm ne Stromleitung tau verleggen. He kiekt bäten tau un fangt mit mal luuthals an tau lachen. As ein von de Arbeiter em fragt, worüm he denn lacht, seggt he: „Mann, wat sied ji blot doemlich hier in Mäkelborg! Dor kamen de Käuh doch ünner dörch!"

*

„Du, de Kunstexperte wier hier un hett meint, uns Rembrandt wier höchstens teihn Johr olt", seggt Herr Prutzke, as sien Fru nah Hus kümmt. De hangt ehr'n Nerzmantel up un seggt: „Na un? Dat schad doch nix, Hauptsaak, he is echt."

*

„Kiek mal, Schatz, dor achtern, dat is de Rettungsschwimmer, de mi hüt morgen reddt hett", seggt Elvira an' Strand tau ehren Mann. „Ja", brummt de, „ick weit. He hett sick all bi mi entschülligt."

Robert dröppt Ernst up de Straat un süht, dat de ümmertau denn' Kopp schüttelt. As he em fröggt, worüm, kann sick Ernst ümmer noch nich inkriegen. „Stell di vör", seggt he, „ick hew ja all ümmer wüsst, dat Tom bannig giezig is. Äwer grad wier ick bi em, un weitst du, wat he makt hett? He wier grad bi, de Tapeten awtaumaken." - „Ja un?", seggt Robert, „villicht will he renovieren?" - „Nee!", seggt Ernst, „he will ümtrecken!"

*

„Wat mi mit mien Ollsch passiert is, dat glöwt ji gor nich", seggt Bruno an' Stammdisch. „Vertell", seggen de annern un rücken neger ran. „Passt up", seggt Bruno, „se kann nich miehr richtig gaud hüren, äwer se is ja eitel un will dat nich taugäben. Nu wier se körtens bi'n Dokter, un as se nah Hus keem un mi vertellt hett, wat de seggt harr, bün ick furts henlopen un hew em tau Räd stellt. Un denn keem de Wohrheit. Mann wier mi dat denn pienlich!" - „Wat harr he denn tau ehr seggt?", fröggt Klaus. Bruno stoehnt. „He hett seggt, se harr Thrombose un dat müsst operiert warden." - „Aha", seggt Arno, „un wat hett se verstahn?" - „Se harr 'n Traumbusen un de müsst fotografiert warden!"

„Du, Tom, ick hew hürt, dien Schwiegermudder sall ganz gefiehrlich krank sien?", seggt Hein. Tom winkt aw. „Ach, weits du, gefiehrlich is dat blot, wenn se gesund is."

*

„Verdammi noch mal, wat is denn dit hier för'n Hotel!", bölkt Peters morgens Klock söss, „Se koenen doch hier nich einfach so rinkamen un mi wecken! Se weiten doch gor nich, ob ick all upstahn will!" - „Ja", seggt de Stubendiern, „dat deiht mi ok leed, äwer wi bruken nu mal de Laken för de Frühstücksdische."

*

„Se heiten Helena Koslowski?", frögot de Direktor, as sick de niege Sektretärin bi em vörstellen deiht, „denn heiten Se ja grad so as de schönste Fru ut de griechische Antike!" - „Seggen Se blot!", freut sick de Diern, „de hett ok Koslowski heiten?"

Wecker denn' Schaden hett ...

'n Sachsen süht einen Mäkelborger bi't Angeln an't Äuwer sitten un geiht nah em ran. „Sie haben ja wirglich ä wunderscheene Nadur hier in Mecklenburg-Vorbommern." De anner brummt wat in sienen Bort. „Un och so ä wunderbare Luft!" De anner brummt wedder blot. Nu will de Sachse em argern. „Aber's gibt och viel dumme Leite hier, ni wohr?" - „Jo", seggt dor de Angler, „äwer de führen ja nah denn' Urlaub wedder wegg."

*

Elvira un Karla sitten in't Cafè. „Du", seggt Elvira, „sall ick di mal mien niegst Kosmetikgeheimnis verraden? Ick treck nu nachts ümmer Handschen an." Karla staunt. „Aha. Un för wat is dat gaud?" Elvira is bannig stolz: „Dorvon kriggt man weike Hänn'!" - „Ach so?", seggt Karla, „denn settst du nachts woll ok ümmer'n Haut up?"

*

„Manfred, du kiekst ja so truurig!" seggt Norbert, „stimmt dat villicht nich, dat du gistern Vadder worden büst?" Manfred schüttelt denn' Kopp. „Nee. Stimmen deiht blot, dat mien Fru Mudder worden is."

„Omi!", röppt Ralfi, „du hest ja dien Hoor ganz kort aw-snieden laten! Nu sühst du gor nich miehr ut as ne oll Fru!" Oma freut sick bannig. „Nee? Un woans seih ick nu ut?" Ralfi grient. „As'n ollen Mann!"

*

As Meiers dörch de Hotelhall gahn, röppt der Mann an de Rezeption: „Hallo, Fru Meier, Herr Meier!" Meiers willen ielig wegg, un he röppt trügg: „Wat is denn?" De Kierl höllt denn' Telefonhürer hoch. „Hier is ein Anraup för Se! He seggt, he is de Fründ, de up Sehr Hus uppassen süll." - „Un wat will he?", frögg Meier." - „He will weiten, ob he de Füürwehr Drinkgeld gäben sall!"

*

„Du, Christoph hett vörhen bannig rümprahlt", seggt Lars, „he hett seggt, he verdreiht alle Frugens denn' Kopp." - „Dat stimmt doch ok", seggt Klaus," ümmer wenn he ne Frau ankiekt, dreiht de denn' Kopp wegg."

„Na, mien Herr", fröggt de Kellner, „woans wier Seehr Steak?" - „Wunnerbor", seggt Franz, „un dat is ein Urdeil von einen Profi!" - „Oh", seggt de Ober, „sünd Se Schlachter?" Franz schüttelt denn' Kopp. „Nee, Schauster."

*

As Julia tau'n Kaffeekränzchen kümmt, kann sick Petra dat nich verkniepen un seggt: „Julia, nimm mi dat nich oewel, äwer ick finn, du hest hüt bäten väl Rouge upleggt." Julia kiekt ehr beleidigt an. „Wat heit hier Rouge? Dat is kein Rouge, dat is de pure Gesundheit!" - „Ach so?", grient dor Petra, „un worüm büst du up de ein Siet väl gesünner as up de anner?"

*

„Üm iehrlich tau sien, Se sünd einfach tau dick, Fru Klumpcke", seggt de Dokter nah de Ünnersäukung, „Se bruken unbedingt Bewägung." Fru Klumpcke quält sick in ehr Kleed. „Se meinen Gymnastik un so?" - „Ja", seggt de Dokter, „dat ok, äwer vör allen Koppschütteln." Fru Klumpcke kiekt em grot an. „Koppschütteln?" - „Ja", seggt de Dokter,„ ümmer wenn Se wat tau äten anbaden ward."

„Ach Susanne, för di würd ick bet an't Enn' von de Welt gahn!", süfzt Bernd. Susanne strahlt em an: „Oh schön, un würdest du ok dor blieben?"

*

Dörte steiht an' Abend up de Waag un schrigt up: „Oh Gott, de zeigt ja hüt twei Kilo miehr an as dat letzt Mal! Dat kann doch gor nich angahn!" - „Nu beruhig di blot wedder", seggt ehr Mann, „dat hett allens sien Richtigkeit. Du hest nich taunahmen. Du büst dit Mal blot noch nich awschminkt."

*

„Manfred, stimmt dat, dat dien Fründ Max 'n bannigen Giezknubben is?", fröggt Norbert. Manfred nickt. „Ja. Un dat ward mit de Tied ümmer düller. Siet'n halw Johr köfft he sick sien Äten nich miehr, he klaut dat in de Koophallen." Norbert staunt. „Wat? Oh Mann! Dat is wohrhaftig schlimm!" - „Dat is noch nich allens", seggt Manfred, „siet vörrig Wääk is dat noch schlimmer worden. Nu klaut he blot noch bi ALDI, wiel dat dor billiger is!"

Kurt hett hüt nich de best Stimmung an' Stammdisch un sitt dor mit'n scheif Muul. Mit mal blafft he Fred an: „Segg mal, worüm grinst du mi eigentlich ümmer so an?" Fred grient noch düller. „Dat is nu mal so bi mi. Ümmer wenn ick'n doemlich Gesicht seih, möt ick lachen." - „Ach so?", seggt Kurt, „un woans schaffst du dat, di morgens tau rasieren?"

*

„Du, Schatzi", seggt Kira, „in mien niegen Schauh fäuhl ick mi, as wenn ick in mien eigen Huut stäken würd." - „Kein Wunner", knurrt ehr Mann, „dat is ja ok Zägenledder."

*

„Ach, Susanne", schwärmt Hannes, „wenn ick di in de Ogen seih, denn kann ick bet in dien Seel kieken!" - „So?", seggt Susanne, „un wenn ick di in't Uhr seih, denn kann ick bet up de anner Siet kieken!"

*

„Ick verstah gor nich, wat anner Lüüd gägen mi hebben",
seggt Alfred, „ick bün nett, ick bün bescheiden ... ick kann
sogor oewer mien eigen Doemlichkeiten lachen." - Paul
grient. „So? Na denn mötst du ja 'n bannig lustiges Läben
hebb'n!"

*

As Katrin in dat Wartezimmer von' Dokter kümmt, sitt
dor Bernd ganz allein un hett grad in ein von de bunten
Zeitungen läst. „Katrin", fröggt he, „künnst du di vörs-
tellen, 'n ollen, hässlichen, doemlichen Kierl tau heuraden,
wenn he 'n Hümpel Geld harr?" Katrin kiekt em ganz
grot an. „Oh, Bernd ... sall dat heiten ... du hest in't Lotto
gewunnen?"

*

„Wat hett denn gistern Abend bi Se so kracht, Fru
Schmidt?", fröggt de Nahwersch. Fru Schmidt stoehnt.
„Fragen's blot nich! Mien Mann is bi denn' Näbel vull gägen
dat Garagenduur dunnert." - „Oh!", seggt de Nahwersch,
„is't schlimm worden?" Fru Schmidt nickt. „ Ja. Blot gaud,
dat he dat Auto nich mit harr!"

Buur Petersen kiekt sien Fru so an un seggt: „Weitst du, Ollsch, ick möt seggen, dien Achterdeil is bilütten all so breit as 'n Meihdöscher." - „Wat?", blafft se los, „denn segg ick di ok mal wat! In Taukunft ward wägen einen mickrigen Strohhalm kein Meihdöscher miehr ansmäten!"

Sup di duun un frät di dick ...

„Alfons, hebben Se de Herrschaften an Disch 4 uns grot Sünndagsmenü empfahlen?" - „Ja, Chef." - „Un? Hebben se 't bestellt?" - „Noch nich, Chef." - „Un worüm nich?" - „Se möt ierst de Kalorien tellen un he dat Geld!"

*

Kuhlmann hett sick as Kandidat bi de Wahl dörchsett' un nimmt nu stolz all de Gratulationen entgägen. Ok von Mercedes is ein Verträder kamen. „Leiw Herr Kuhlmann, von dat Autohaus Mercedes-Meier un natürlich ok von mi persönlich de hartlichsten Glückwünsche, dat Se nu Bundestagsawgeordneter sünd! Wi würden Se natürlich giern bi Seehr Arbeit bäten ünnerstützen un Se ein Auto schenken. Würden Se dat annähmen?" Kuhlmann makt 'n bedenklich Gesicht. „Ick glöw, dat geiht leider nich. Dat kann mi tau licht as Korruption utleggt warden." Äwer dor weit de Mann von't Autohus Rat: „Weiten Se wat? Denn verköp ick Se äben ein Auto. För einen Euro." - „Oh", seggt Kuhlmann, „för einen Euro? Ja, dat geiht, dat is gaud. Denn nähm ick gliek drei!"

„Hallo Tom!", seggt Rainer, „wo kümmst du denn her?" Tom stoehnt. „Von't Gericht." - „Oh", seggt Rainer, „hest du'n Rechtsstriet? Mit weckern denn?" Tom stoehnt noch luder. „Mit denn' Fiskus." - „Wat denn?", röppt Rainer, „läwt de Kierl ümmer noch? Mit denn' hett doch all mien Großvadder in Striet lägen!"

*

Uns Bundeslandwirtschaftministerin Ilse Aigner, studierte Elektrikerin, is ok mal up einen Buurnhoff tau Besäuk. In denn' letzten Stall wiest se mit mal in ein Eck un frögt, worüm de Kauh dor denn kein Hürn hett. Ja, meint de Buur, bi ne Kauh künn sowat 'n Geburtsfähler sien, odder man künn de Hürn ok awsaagen. Hier wier dat äver'n speziellen Fall. Nu will de Ministerin natürlich weiten, wat doran so speziell is. Ja, meint de Buur, speziell doran is, dat sick dat hier üm ein Pierd hannelt.

*

„Du, disse Bankenkrise, de is schlimmer is ne Scheidung", seggt Hannes, „de Hälft von dien Geld is wegg, äver verheuradt büst du ümmer noch!"

Bruno kümmt up't Amt. „Gauden Dagg. Künn ick woll mal denn' Finanzdezernenten spräken?" - „Nee", seggt de Dam an' Empfang, „dat geiht leider nich. De müsst tau Gericht."

„Aha", seggt Bruno, „un wenniehr ward he wedder trügg sien?" De Dam treckt mit de Schullern. „Dat weit ick nich genau. De Anwalt seggt, so in drei bet vier Johr."

*

„Du, sietdäm ick in de Politik gahn bün, warden blot noch Loegen oewer mi vertellt", seggt Kuhlmann. Sien Nahwer Plautzke grient. „Mann, denn kannst du doch froh sien." Kuhlmann kiekt em an. „Oewer wat sall ick denn dor froh sien?" - „Nu ja", seggt Plautzke, „dat keiner de Wohrheit kennt!"

*

„Du, Elfriede", seggt Ernst, „ick glöw, in uns Wahnung sünd Müüs." Elfriede schüttelt denn' Kopp. „Dat glöw ick nich. Hier truugt sick kein Mus rin. Sooft as du'n Kater hest ..."

De Gast ut Flensburg deiht sick an' Tresen bannig dick. „Ick begriep gor nich, dat ji hier in' Osten ümmer so jammert. Ji möt' einfach miehr arbeiten. Wi in' Westen sünd ok blot tau wat kamen, wiel wi früher 25 Stunnen an' Dagg arbeit' hebben." Kräuger Heiner kiekt em grot an. „Äwer de Dagg hett doch blot 24 Stunnen." - „Genau!", seggt de Flensburger, „un dorüm hebben wi all ümmer ne Stunn' iehrer anfungen!"

*

„Mann!", röppt Ulrike nachts in de Slapstuw, „wenn du all midden in de Nacht nah Hus kümmst, denn mak doch taumindst dat Licht an! Wat wier dat denn äben för'n Krach?"
„Nix wieder", stoehnt ehr Mann, „mien Schauh sünd blot ümkippt." - „Äwer dat makt doch nich so'n Larm", seggt se argerlich." - „Doch!", stoehnt he wedder, „ick harr se ja noch an!"

*

Oskar sinniert an' Stammdisch so vör sick hen. „Du, Peter, wenn' dor so oewer nahdenkt ... in't Läben ännert sick dat ein odder anner ja würklich ganz bannig. Wenn man dor so trüggkieken deiht ..." - „Ja", seggt Peter, „dat stimmt. Früher würd ick bi jede Gelägenheit rot. - Un hüt bün ick bi jede Gelägenheit blau."

*

„Sträfling Möller", seggt de Strafvollzugsbeamte, „morgen möt de Zellenflur hier blitzblank sien, dor kümmt nämlich de Justizminister!" Möller freut sick: „Oh, dat is schön, dat se denn' endlich ok mal erwischt hebben!"

*

Hannes hett düchtig einen kippt. As he in de Stratenbahn sitt, kiekt he mit mal. Dor sitten vör em twei Frugens, de genau gliek utsehn. He knippt de Ogen tau, kiekt denn noch mal hen ...

Dor lacht de ein Fru un seggt: „Nee, Se sehn nich duwwelt. Wi sünd Twäschen!"

„Wat denn?", seggt Hannes, „all vier?"

Ein Gast kümmt nah Mäkelborg tau ein Stadtjubiläum un proowt nu ok dat Jubiläumsbier, dat se dor brugt hebben. „Mann", seggt de denn tau einen Inwahner, „dat Tüügs schmeckt ja grugelich!" De giwt em recht. „Stimmt. Dorüm drinken wi dat ja ok nich. Wi hebben sogor körtens mal ne Prow dorvon an ein Labor schickt." - „Oh!" seggt de Gast, „un wat hebben de rutfunnen?" De anner grient. „In denn' Breif stünn: Seehr Pierd hett Zucker."

*

„Gauden Dagg", seggt Paul, „ick mücht giern för 1000 Euro Bundesschatzbriefe köpen. Ick mücht äwer ok weiten, wat mit mien Geld ward, wenn de Bank hier bankrott makt." - „Tschä", seggt de Mann achter denn' Schalter, „denn oewernimmt dat de Bundesbank." Paul is noch nich taufräden. „Un wenn de ok bankrott makt?" - „Dat is ok noch nich schlimm", seggt de anner, „denn springt de Regierung in." Paul is ümmer noch misstruugsch. „Un wenn de ok bankrott makt?" Nu fangt de anner an tau lachen: „Mann! Süll Se dat nich dusend Euro wiert sien?"

Norbert vertellt an' Stammdisch von sienen Urlaub in Schottland. „Wierst du denn ok an' Loch Ness?", willen sien Kumpels weiten. Norbert nickt. „Na klor!" - „Oh Mann, dor sall dat ja dit Ungeheuer gäben", seggt Max, „hest du dat villicht seihn?" Norbert nickt wedder. „Klor, jeden Dagg." - „Wat?", röppt Klaus, „dat kümmt dor jeden Dagg ut' Wader rut? Wenniehr denn ümmer?" Norbert grient. „Ümmer nah denn' achten Whisky."

*

„Kann mi nich mal einer seggen, wat dor an de Börse oewerhaupt vör sick geiht?", seggt Hannes an' Stamm-disch. Peter nickt. „Pass up: Ick vergliek dat mal mit einen Häuhnerhoff. Du köffst dor 'n Hauhn un 'n Hahn, dat Hauhn leggt Eier, bräud't de ut, ut de Küken warden wedder Häuhner, de leggen Eier ... na ja, un ümmer so wieder." - „Dat verstah ick", seggt Hannes, „dat heit, ick ward so sachten riek." Peter weigt mit'n Kopp. „Na ja, dat künn äwer ok sien, dor kümmt ne Oewerschwemmung un all dien Häuhner un Küken versupen. "Oha!", seggt Hannes, „un denn?" Peter grient. „Denn weitst du, dat du bäder Enten köfft harrst."

Arbeit makt dat Läben säut ...

Twei Murer fallen von dat Dack von ein Hochhus. Bi't Fallen röppt de ein denn' annern tau: „Du, woväl Etaschen hett dit Hus eigentlich?" – „Twölben!" – „So'n Schiet äwer ok!" – „Worüm?" – „Mien Versicherung betahlt blot bet acht Etaschen!"

*

Nahwersch Kluckmann is mal wedder bäten niegelich. „Seggen Se mal, Frau Meier, kann dat sien, dat sick de Beamten in't Büro dat Kloppen kriegen?" „Fru Meier kiekt ehr grot an. „Nee, woans kamen Se denn dorup?" – „Na ja", seggt Fru Kluckmann, as Seehr Mann vörhen von de Arbeit nah Hus keem, dor harr he 'n grot Veilchen." – „Ach so", winkt Fru Meier aw, „nee, dat wier kein Veilchen. He is blot mal wedder mit'n Kopp up dat Stempelkissen inslapen."

*

„Se warden dat seihn, mien Herr", seggt de Verköper, „wenn Se dissen Computer köpen – de ward de Hälft von Seehr Arbeit för Se erledigen." – „Oh", seggt de Kunn, „dat is ja schön! Denn gäben's mi man glick twei dorvon!"

„Thomas, hest du eigentlich ok 'n Hobby?", fragt Klaus an' Stammdisch. De nickt. „Klor. Mien Aquarium. Ick sitt oft stunnenlang einfach so dor un kiek tau, woans de Fisch so langsam dörch dat Wader swemmen ..." Klaus wunnert sick. „Stunnenlang? Wat seggt denn dien Fru dortau?" - „Woso?", fröggt Thomas, „mien Fru? De int'ressiert sick nich dorför, wat ick in't Büro maken dau."

*

„Un Se schrieben also Romane?", fröggt Peters denn' Herrn, de em up denn' Empfang vörstellt worden is, „daun se dat all lang'n?" De anner nickt. „Ja, all 'n poor Johr." - „Aha", seggt Peters, „un hebben Se ok all wat verköfft?" De anner nickt wedder. „Ja, mien Hus un mien Auto."

*

Personalchef Scharpke ward tau denn Direktor raupen. „Ick hew ein ganz besünner Upgaw", seggt de, „kriegen Se doch mal rut, ob dat in de Firma einen Kollegen giwt, de so flietig un so düchtig is, dat he mien Stell oewernähmen künn." - „Gaud, Herr Direktor", seggt Scharpke, „un wenn ick em funnen hew?" - „Denn smieten Se em rut!"

„Du", seggt Anna, „ick hew hürt, du hest 'n niegen Job?"
Beate nickt. „Ja. Ick verdeil nu in't Theater de Rullen." -
„Oh", seggt ehr Fründin, „dat möt ja bannig swor sien!" Be-
ate schüttelt denn' Kopp. „Nee, woso? Up jed Klo kümmt
ein."

*

„Morgen, Kolleg Nützke", seggt de Chef, „hartlich Will-
kamen tau Sehren iersten Arbeitsdagg bi uns. Ick würd
seggen, tauierst fägen Se mal dat Büro ut." Nützke kiekt
em verbaast an. „Dat Büro utfägen? Ick kam von de Uni-
versität!" - „Ach so", seggt de Chef, „Entschülligung. Denn
zeig ick se natürlich tauierst mal, woans man dat makt."

*

„Du, wat sünd dat dor för swarte Punkte up dat Kirch-
turmdack?", fröggt Korl. Fiete kiekt hen. „Dat weit ick
nich. Äwer wenn se sick bewägen, denn sünd dat Kreihen,
un wenn nich, denn sünd dat Handwarker."

*

„Du, hier in de Zeitung steiht, se säuken einen Mann, de nachts in' Park Frugens belästigt", seggt se an' Kaffeedisch. He grippt furts nah de Zeitung. „Oh, dat wier doch mal 'n Job för mi!"

*

„Schön, dat du'n Krankenbesäuk bi mi makst, Paul", seggt Heiner, „woans löppt' denn so in't Büro?" - „Kein Problem", seggt Paul, „mak di man kein Sorgen. Ick blieb einfach je-den Dagg teihn Minuten länger un mak dien Arbeit mit."

*

„Du, Norbert", jammert Hannes, „as ick gistern von de Arbeit nah Hus keem, dor hew ick doch tatsächlich mien Fru mit einen annern Kierl erwischt." „Oha!", seggt Nor-bert, „un wat nu?" - „Ach, lat man", seggt Hannes, „so schlimm is dat nich. Ick weit all, wat ick daun möt, dat dat nich wedder passiert. Ick mak einfach miehr Oewer-stunnen."

*

Rainer klagt sick an' Stammdisch mal wedder richtig ut. „Sall ick juch mal seggen, wat Mobbing is? De schlimmste Ort dorvon? Dat wat mien Kollegen mit mi maken!" - Peter bestellt ne Runn' Bier. „Snack di ut", seggt he, „dat helpt." Rainer leggt los: „Vör twei Wochen hebben Se „Null-Null" up mien Bürodör malt! Un weit ji, wat ick vörrig Woch tau mienen Geburtsdagg von ehr krägen hew? 'n T-Shirt mit ne Scheitschiew up! Äwer dat Schlimmst is dat, wat ick hüt morgen seihn hew!" - „Un wat wier dat?", fragen de annern. Rainer stoehnt up: „Bi twölben Kollegen steht dat Foto von mien Fru up denn' Schriewdisch!"

*

„Se willen also bi uns anfangen tau arbeiten?", fröggt de Personalchef. Krause nickt. „Ja, wenn't geiht ..." - „Wo lang'n wieren Se denn up de vötrrig Stääd?" - „Bannig lang'n", seggt Krause, „twölben Johr." - „Aha", seggt de Personalchef, „un worüm sünd Se dor weggahn?"
„Nu ja", seggt Krause, „ick bün begnadigt worden."

*

„Du, Max is tau'n Kellner ümschult worden", seggt Kurt, „äwer dor is he gliek wedder rutflagen". Jan wunnert sick. „Nanu, he wier doch noch gor nich lang'n dor. Worüm denn?" „Tschä", seggt Kurt, „dor hett ein anraupen un fragt, ob he 'n Disch bestellen kann. Un dor hett Max seggt: Wi verköpen kein Möbel!"

*

Sebastian hett ne Bäckerliehr anfungen. Eins Daags kümmt ok de Fru von' Meister in de Backstuw un kiekt em tau. Denn seggt se: „Na, dat geiht ja all ganz gaud mit dat Deig knäden, Sebastian. Hest du di ok de Hänn' vörher wuschen?" Sebastian schüttelt denn' Kopp. „Dat wier nich nödig, Meisterin. Dat is doch de Deig för dat Swartbrot."

*

„Angeklagten! Worüm hebben Se dat Auto klaut?", fröggt de Richter scharp. „Na ja", seggt Franz, „ick müsst ganz fix tau mien Arbeit, Herr Richter." De Richter wunnert sick. „Un worüm hebben Se keinen Bus nahmen?" - „Dat güng nich, Herr Richter", seggt Franz, „dorför hew ick doch keinen Führerschien!"

Stefan sitt bi'n Dokter un stoehnt. „Herr Dokter, ick fäuhl mi an' Abend ümmer so kaputt." De Dokter ünnersöcht em. „Wat sünd Se denn von Beruf?" - „Ick bün Beamter, Herr Dokter." - „Aha", seggt de Dokter, „un woväl Stunnen arbeiten Se?" - „Vörrig Johr noch 42 Stunnen, äwer dit Johr blot noch 37." - „Denn is mi allens klor", seggt de Dokter, „Se fählen disse fief Stunnen Slaap."

*

Twei Schauspäler drapen sick. „Mann", seggt de ein, „du sühst ja bannig verknütt' un awmaddelt ut. Wat is los?" De anner stoehnt. „Ick kam grad von' Casting ut Hollywood trügg. Dor müsst ick twei Daag lang ümmer blot rieden un rieden un rieden ..." - „Un? Wat is?", frögg sien Kolleg, „hest du de Rull krägen?" De anner schüttelt denn' Kopp. „Nee, ick nich, äwer dat Pierd."

*

„Also, so langwielig harr ick mi denn' Urlaub bi Se hier nich vörstellt", seggt Flottmann in' Kraug, „giwt dat in dit Kaff hier eigentlich kein Nachtläben?" - „Doch", seggt de Kräuger, „dat giwt dat. Äwer nich in' August. Dor führt Franziska ümmer in Urlaub."

De Chef geiht mit twei von sien Angestellten in de Med-
dagspaus dörch denn' Park. Se finden dor ne olle Bud-
del, un as se de upmaken, kümmt dor ein Geist rut un
de seggt: „Jed von juch hett einen Wunsch frie." Furts
röppt de ierst Angestellte: „Ick mücht in de Karibik sien!"
Rumms is he wegg. De tweit seggt: „Ick mücht in Brasilien
sien!" Rumms is he ok wegg. Dor seggt de Chef: „Mien
Wunsch is, dat disse beiden Idioten nah de Meddagspaus
wedder in't Büro sünd!"
Wat liehrt uns dat? Ümmer tauierst denn' Chef tau Wurt
kamen laten!

*

De Chef kümmt tau de Dör rin un stutzt. „Herr Möller,
wat is denn dat? Se slapen doch woll hier nich in't Büro?"
Möller is noch ganz benusselt. „Ja ... äh ... doch, Herr Di-
rektor. Äwer dat liggt an uns Kind. Dat hett mi acht Stun-
nen lang waakhollen."- „Ach", seggt de Chef, „Se hebben
ein Kind tau Hus, dat Se acht Stunnen lang waakhöllt?"
Möller nickt. „Ja, Herr Direktor." - „Wunnerbor", seggt
dor de Chef, „denn bringen se dat morgen furts mit in't
Büro!"

„Also, Fröllein Lehmann un Herr Meyer, ick hew se beiden kamen laten, wiel dat ein Beschwerde giwt. Fröllein Lehmann, Herr Meyer hett sick doroewer beschwert, dat Se väl tau korte Röck drägen, dat Seehr Utschnitt binah bet tau'n Buuk geiht, dat Se mit de Hüften wackeln un alle Kierls anglummen daun. Wenn so ein Beschwerde bi mi ankümmt, möt ick ehr as Chef natürlich nahgahn. Un hier giwt dat blot ein Moeglichkeit, de Saak tau rägeln: Se sünd entlaten, Herr Meyer!"

Weiten Se eigentlich ...

... dat Ehemänner nich länger läben as Junggesellen?

Dat Läben kümmt ehr blot länger vör.

... worüm Männer meistendeils grötter sünd as Frugens?

Wiel dat Unkrut ümmer höger wasst as de Blaumen.

... wat bi so'n Ackersnacker einmalig is?

Dat is dat einzig Ding, wo Kierls sick dorüm strieden, wecker denn' Lüttsten hett.

.... wat twei Bänker maken, wenn se 'n Dack decken willen?

De ein lött de Dackstein fallen, un de anner versöcht ehr tau verköpen, iehrer se ünnen ankamen sünd.

... worüm Männer ümmer so väl in' Slaap snacken?

*Wiel se an' Dagg tau Hus nich nauch Gelägenheit
dortau kriegen.*

... dat Eva nich ut de Ripp von denn' Mann makt worden
is, sünnern ut sien Gehirn?

Sien Rippen hett he ja noch.

... worüm ein Mann ungefiehr 1500 Würd an' Dagg
snackt un ne Fru 3000?

Wiel man Männer allens tweimal seggen möt.

... wat ut einen Fautballer ward, wenn he nich miehr
gaud kieken kann?

Schiedsrichter.

... wat passiert, wenn teihn Frugens in denn' Himmel kamen?

Denn gründen se dor einen Engelchor.

... un wat passiert, wenn all Frugens in denn' Himmel kamen?

Denn is Fräden up Ierden.

... wecke Dierte de Frugens an' leiwsten hebben?

Denn' Jaguar, denn' Nerz, denn' Tiger un denn' Äsel - 'n Jaguar in de Garage, 'n Nerz in't Schapp, 'n Tiger in't Bett, un 'n Äsel, de dat allens betahlt.

... worüm twei Speigeleier dürer sünd as twei Rühreier?

Speigeleier kann' nahtellen.

... woväl Gehirnwindungen ein Fru hett?

Drei odder vier. Kümmt up an, woväl Platten de Hierd hett.

... worüm dat kein schottische Nationalmannschaft miehr giwt?

Ehr is de Ball weggkamen.

... wat'n wichtigen Ünnerscheid twischen Männer un Frugens is?

Männer koenen sick fief Stunnen lang oewer e i n Thema ünnerhollen. - Frugens bruken kein Thema.

... wat man för so'n richtig Mäkelborger Frühstück brukt?

Ne Buddel Korn, teihn Bier, ne Mettwusst un 'n Hund. Worüm 'n Hund? - Na, ein möt doch de Mettwusst fräten.

Plattdeutsch auf NDR 1 Radio MV

Wenn Sie wissen möchten, was der Tag Ihnen bringt: Jeden Morgen gibt's auf NDR 1 Radio MV das plattdeutsche *Horoskop* von W wie Widder bis F wie Fisch.

Plattdeutsche Nachrichten hören Sie immer freitags (18.20 Uhr) und sonntags (6.50 Uhr und 8.20 Uhr) in *De Woch up Platt* auf NDR 1 Radio MV.

Plattdütschen Klönsnack, Musik ut uns Land und Literatur up Platt – all das bringt NDR 1 Radio MV sonnabends in der *Klönkist* (19.05 bis 20.00 Uhr). Und immer am letzten Sonnabend des Monats kommt für alle Plattsnacker die *Plappermoehl* (19.05 bis 20.00 Uhr). Dann empfangen unsere Plappermöller mit norddeutschem Humor ihre Gäste am „Moehlendisch". Für musikalische Unterhaltung sorgen Sänger und Gruppen aus ganz Norddeutschland.
Dat Beste ut de Plappermoehl hören Sie am Donnerstagabend, immer im Wechsel mit dem *Plattdütsch Hürspäl* (21.05 bis 22.00 Uhr).

In *Plattdütsch an'n Sünndag* (6.05 bis 9.00 Uhr) melden sich unsere Moderatoren bei NDR 1 Radio MV up Platt. So gemütlich kann der Feiertag beginnen: Selbst im kleinsten Dorf des Landes sagen wir „Gauden Morgen". Und dort wo am Wochenende etwas los ist, sind unsere plattdütschen Reporter zur Stelle.

Plattdeutsch gehört zum Programm von NDR 1 Radio MV – jeden Tag.

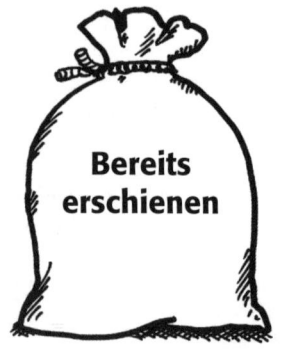

Bereits
erschienen

Die einhundert besten Witze aus 20 Sendejahren der „Plappermoehl" auf NDR 1 Radio MV finden Sie auf dieser CD. Lachen Sie mit, getreu dem Motto: „Ut'n verklamten Nors kümmt kein fröhlichen Furz". Die CD finden Sie überall im Buchhandel und Musikgeschäften, oder Sie ordern online z.B. bei www.tennemann.com .

Eine Auswahl der besten Witze aus dem Mallbüdel in der Sendung Plappermoehl von NDR 1 Radio MV präsentieren auch das erste und zweite „Mallbüdel"-Büchlein. Überall im Buchhandel oder online z.B. auf www.tennemann.com .

„Ut mine Stromtid" gelesen von Gerd Micheel. Reuters Jahrhundert-Roman zum ersten Mal als Hörbuch-Edition in einer Box mit 11 CDs und ausführlichem Booklet. Überall im Fachhandel und online z.B. auf www.tennemann.com .

Über 120 Witze aus der DDR erstmals auf CD - der ganz besondere Rückblick 20 Jahre nach dem Mauerfall. NDR 1 Radio MV und das Nordmagazin hatten die Hörer und Zuschauer aufgerufen, ihre DDR - Lieblingswitze einzusenden. Eine Auswahl davon haben Bärbel Röhl, Ekkehard Hahn, Manfred Brümmer und Wolfram Pilz in einer mitreißenden öffentlichen Veranstaltung erzählt. Diese Hörbuch-CD, überall im Buchhandel oder online z.B. auf www.tennemann.com , bietet den kompletten Mitschnitt zum Weglachen!

Neue frische Klänge up Platt suchten NDR 1 Radio MV und das Nordmagazin beim großen plattdeutschen Wettbewerb „Musik ut uns Land". Ob Country, Rock oder Blues – die Vielfalt der eingereichten Titel war groß, der Wettbewerb ein voller Erfolg. Diese CD vereint die 14 Siegertitel. Den Tonträger finden Sie überall im Buchhandel und Musikgeschäften, oder Sie ordern online z.B. bei www.tennemann.com .

Lachen auf NDR 1 Radio MV, dazu gehört neben der Plappermoehl natürlich auch das Spaßtelefon an jedem Morgen ... Die besten Telefonstreiche gibt es auch auf CD überall im Buchhandel und Musikgeschäften, oder Sie ordern online z.B. bei www.tennemann.com .

Der singende Plappermöller Manfred Brümmer jetzt endlich mit neuen Liedern auf CD.
Gemeinsam mit Lars-Luis Linek präsentiert er „Kommodig". Eingängige Musik, eingängige Texte up Platt, die ganz modern vom Hier und Heute erzählen.

Überall, wo es Musik gibt oder auch bei www.tennemann.com .